CW01512029

Werner Vogelauer (Hrsg.)   Coaching-Praxis

Werner Vogelauer

COACHING-PRAXIS

Führungskräfte professionell begleiten, beraten und unterstützen

Herausgegeben von
Werner Vogelauer

4. Auflage

LUCHTERHAND

Die Deutsche Bibliothek – CIP-Einheitsaufnahme

Coaching-Praxis; Führungskräfte professionell begleiten, beraten und unterstützen / hrsg.
von Werner Vogelauer – 4., erw. und überarb. Aufl. – Neuwied ; Kriftel : Luchterhand, 2002
ISBN 3-472-04787-9

Lektorat: Elke Schwuchow/Reiner Straub

Umschlaggestaltung: Andreas Ruers, Department Drei, Wiesbaden
Satz: Satz- und Verlags-Gesellschaft mbH, Darmstadt
Druck und Binden: Wilhelm & Adam, Heusenstamm
Printed in Germany, Dezember 2001

∞ Gedruckt auf säurefreiem, alterungsbeständigem und chlorfreiem Papier

Sie finden uns im Internet unter: www.luchterhand.de

Was bedeutet Coaching-Praxis?

Dieses Werk ist aus einer langjährigen Arbeit mit Führungskräften und Mitarbeitern von Unternehmen und Institutionen in Wirtschaft, Kultur und Verwaltung hervorgegangen. Die Erfahrungen in der Unternehmensberatung, Organisations- und Personalentwicklung führten zu der Erkenntnis, dass neben Seminaren, Diagnosekonferenzen, Projektgruppen und Klausuren ein wichtiges Instrument der Entwicklungsberatung entstanden ist, jedoch noch wenig genutzt wird: Die individuelle Begleitung und Unterstützung von verantwortlichen Mitarbeitern – insbesondere in Veränderungsprozessen – die wir als Coaching bezeichnen.

In der Wirtschaft wie in der Beratungsarbeit wird Coaching zunehmend akzeptiert (siehe den Beitrag über die Kundensicht zum Coaching in Deutschland, Österreich und der Schweiz).

Es zeigte sich, dass die Konzepte und Methoden, die wir für Gruppenprozesse und Entwicklungsarbeit in Organisationen entwickelt hatten, mit wenigen Adaptierungen für unsere Coachingarbeit anwendbar waren (siehe den Beitrag über ganzheitliches Coaching). Unser Menschen- und Organisationsbild ist von der Fähigkeit, sich sowohl als Individuum als auch als Organisation zu entwickeln, geprägt. Wir legen ebenso einen Blick auf das »Innere« und »Äußere« des Themas, damit ganzheitliche Arbeit gewährleistet ist.

Die ersten Coachings wurden mit Führungskräften durchgeführt. Für sie war und ist es entscheidend, rasch und zielgerichtet mit ihren Fragen und Problemen umgehen zu können und jemanden als Gesprächspartner zu haben, der ihnen zusätzliche Sichtweisen bringt, diese aber auch hinterfragt. Dazu mehr im Beitrag von Hans von Sassen über die Unterstützung bei Problemlösungs- und Entscheidungsprozessen.

Im Management-Development bzw. bei der Führungskräfte-Entwicklung wird Coaching vermehrt eingesetzt. Welche Möglichkeiten des Praxis-Einsatzes es anhand praktischer Unternehmensfälle gibt, dazu mehr in den Beiträgen von Franz Biehal und Hans Glatz.

Wenn wir von Coaching sprechen, meinen wir eine Begleitarbeit für Menschen in Organisationen, um ihre Rolle erfolgreich und zufriedenstellend in Gegenwart und Zukunft ausfüllen zu können. Dabei wollen wir die beruflich-strukturelle, die beziehungsmäßige wie auch die persönliche Seite ansprechen. Die Förderung der Persönlichkeit des Coaching-Kunden zur Bewältigung seiner Aufgaben mit seinen Fähigkeiten steht im Mittelpunkt des Beitrages von Elfriede Biehal-Heimburger über die Persönlichkeitsentwicklung im Coaching.

Ganzheitliche Veränderung heißt, die Komponenten der Gesamtwirklichkeit in ihrer wechselseitigen Abhängigkeit anzugeben. Will z.B. ein Unternehmen die Strategie ändern, dann wird dies erst Realität, wenn zu gleicher Zeit Funktionen, Strukturen, Arbeitsweisen entsprechend verändert und die Menschen neue Fähigkeiten erwerben und ihre Auffassungen und Gewohnheiten ändern – also auch die Organisationskultur eine neue Qualität erhalten muss. Hierin liegt auch der größte Widerstand gegen ein an sich vernünftiges und erfolgreiches Vorhaben.

In Großbetrieben steigt der Bedarf, nicht nur externe Coaches zu beschäftigen, sondern auch eine Kapazität an Coaches intern aufzubauen, Wann ist ein externer Coach günstiger, wann ein interner? Welche Erfahrungen dazu gibt es? Ulrich Schwämmle und Philippe Staehelin beschäftigen sich in einem Beitrag mit dieser Thematik.

In vielen Büchern und auch hier werden Informationen und Methoden für Coaches angeboten. Der Kunde und Coaching-Klient bekommt oft wenig für seine Seite geliefert. Ich beschäftige mich in einem eigenen Beitrag mit den wichtigen Fragen und Wahrnehmungen des Coaching-Kunden im Erstgespräch und später. Was kann einem Kunden für seine Coach-Wahl nutzen? Welche Beobachtungen helfen ihm, den für ihn passenden Coach zu finden?

Unsere Erfahrungen zeigen, dass die Freiwilligkeit der Begleitung und eine vertrauensvolle und offene Beziehung Garanten für den Erfolg sind. Es darf keine Abhängigkeit zum Coach durch entsprechendes Handeln oder durch die eigene Bereitschaft dazu etabliert werden. Abhängigkeiten führen zu einer schiefen Ebene der Arbeitsbeziehung. Ebenso darf nur der Gecoachte die Entscheidungen und Handlungen treffen bzw. umsetzen. Der Coach sieht seine Rolle darin, professionelle Feldkenntnis und Kommunikationsfähigkeit wie sein Repertoire an Interventionen, seine Beziehungsfähigkeit und Nähe u.a.m. einzubringen, (siehe den Beitrag »Wie wird Coaching von den Kunden gesehen« und »Coachingprozess«).

Da sowohl weibliche wie männliche Personen als Coach fungieren, möchte ich den Coach als Begriff für beide Geschlechter verstehen. Zur leichteren Lesbarkeit habe ich mich entschieden, es bei einem Begriff zu belassen, speziell dort wo Mehrfachformulierungen notwendig wären.

Ich wünsche Ihnen, liebe(r) LeserIn viel Vergnügen beim Lesen und vielleicht den einen oder anderen Hinweis für Ihre Alltagssituation. Ob als Coaching-Kunde oder als Coach, vielleicht bringt Sie die eine oder andere Idee auf neue Gedanken und Aktivitäten, die sie nutzen und erfolgreich kommunizieren.

Der Herausgeber

Werner Vogelauer

Inhaltsverzeichnis

1. Coaching – ganzheitlich gesehen

Voraussetzungen – Konzepte – Praxisergebnisse

Hans von Sassen und Werner Vogelauer

In Unternehmungen haben sich in den letzten Jahren neue Formen der Begleitung etabliert. Unzufriedenheit und Zeitaufwand waren, laut Umfragen, maßgeblich für die Verringerung von Seminaren und Kursen. Neue Kurzformen, wie eben Coaching, haben sich – besonders im Management – durchgesetzt.

Mit Hilfe von Coaching werden verantwortlich Handelnde, bspw. eine Führungskraft, so gefördert und unterstützt, dass sie eine vor ihr liegende Aufgabe, in der sachliche, menschlich-soziale und konzeptive Aspekte verwoben sind, erfolgreich zu Ende bringen können. Das erfordert also eine nicht nur fachlich einseitige, sondern eine ganzheitliche Vorgehensweise.

Die folgenden sieben Abschnitte geben eine Übersicht über die verschiedenen Aspekte und Rahmenbedingungen der Coaching-Arbeit, die für die Praxis relevant sind.

1.1 Erfolgsfaktoren von Coaching?

Neben den bisher angewandten Formen der Beratung und Begleitung hat das Coaching eine zunehmende Bedeutung erlangt und hat besonders in der Wirtschaft Anklang gefunden. Welche Merkmale des Coaching haben zu diesem positiven Image beigetragen?

exklusiv

Kein Dritter ist am Coachingprozess beteiligt. Der Coach kann sich ganz auf den Kunden und sein Anliegen konzentrieren. Das ermöglicht effektiv und mit geringerem Zeiteinsatz – z.B. an der Lösung eines konkreten Problems – zu arbeiten.

maßgeschneidert

Der Coach lebt gedanklich mit der einmaligen Situation des Klienten mit. Er schneidet sein Wissen und seine Erfahrung auf diese Situation und die Bedürfnisse, Ziele und Fragen des Klienten zu.

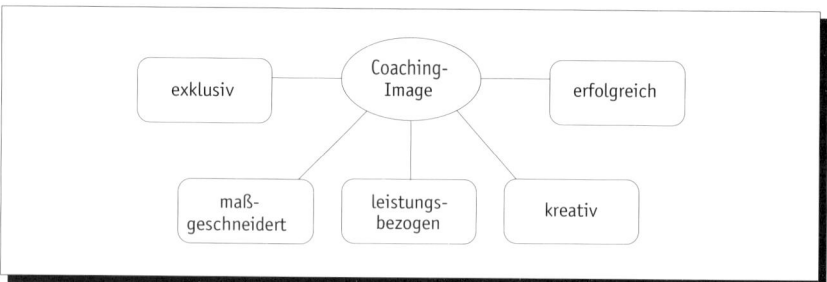

Abbildung 1: Imageaspekte

leistungsbezogen

Wie im Sport stellen die Aufgaben und Probleme für denjenigen, der einen Coach in Anspruch nimmt, eine Herausforderung zur Leistung dar, das über das übliche Maß hinausgeht – also eine bemerkenswerte, vielleicht sogar eine Spitzenleistung. Im Coaching wird der Kunde gefordert, nicht nur an der Sache, sondern auch an sich zu arbeiten und das im Prozess Erreichte ständig zu überprüfen.

kreativ

Aufgaben und Probleme, die als Herausforderung erlebt werden, stellen Anforderungen an die Kreativität. Der professionelle Coach ist auf Kreativität eingestellt und versucht diese beim Kunden zu wecken und zu verstärken.

erfolgreich

Coaching hört nicht bei einer »gedanklichen« Problemlösung oder Entscheidungsfindung auf, sondern orientiert sich auch auf die Umsetzung. d.h. auf die Initiative und Handlungsfähigkeit des Klienten, um sichtbare Erfolge zu erreichen.

Die Kriterien zeigen, dass Coachen in diesem Sinne recht hohe Anforderungen an die Fähigkeiten, die Lebenserfahrung und die Glaubwürdigkeit des Coach stellen. Das gute Image von Coaching hat allerdings dazu geführt, dass viele den Begriff Coaching als Überschrift für Angebote nutzen, die den genannten Merkmalen nicht entsprechen. Das trägt zu einer Begriffsinflation bei, die die Urteilsbildung bei der Suche nach einem geeigneten Coach erschwert. Die Einstellung »Coachen braucht man doch nicht zu lernen, das habe ich immer schon getan« findet man in Gesprächen immer wieder an.

Im Wesentlichen beziehen wir uns auf das Einzel-Coaching, d.h. ein Zweiergespräch zwischen Coaching-Klient und Coach. Wenn zwei oder mehr Personen an derselben aktuellen Aufgabe (Projekt, Problem usw.) eng zusammenarbeiten und als Team regelmäßig am Coachingprozess teilnehmen, können wir von Team-Coaching reden. Wenn es um eine Person in der Gruppe geht, ist es Einzel-Coaching in der Gruppe, auch Gruppen-Coaching bezeichnet.

Wie die Aussagen von Führungskräften in der Wirtschaft belegen, zählt die Effektivität, die gezielte Form des Coaching und der kurze Zeiteinsatz wie auch der persönliche Rahmen, d.h. ohne – wie es in Klausuren oder Seminaren üblich ist – die Anwesenheit anderer.

1.2 Coaching als ganzheitliches Konzept

Der Leser wird sich fragen, was ist ganzheitliches Coaching? Ganzheitliches Coaching ist nicht nur auf ein methodisches Vorgehen gerichtet. Unser Blick – siehe Abbildung 2 – zeigt drei Dimensionen auf.

Der Einsatz von geeigneten Konzepten, Methoden und Instrumenten im Coachingprozess ist notwendig, um zu Entwicklungsschritten und Problemlösungen zu kommen. Darin liegt die methodische Komponente des Coaching.

Die zweite Komponente beinhaltet die Aufmerksamkeit für und die Gestaltung der Interaktion zwischen Coaching-Kunde und Coach im Gespräch. Zu oft bleiben diese zwischenmenschlichen Vorgänge unbewusst. Wie der Coach als Person zu Aspekten des Themas eingestellt ist, wie er auf sein Gegenüber eingeht und sich die Beziehung zum Klienten entwickelt, kurz seine »soziale Kompetenz« – kann Coaching zum Erfolg oder zum Scheitern bringen.

Eine dritte Komponente, die aus unserer Sicht zur Ganzheitlichkeit unbedingt dazugehört, ist der ethisch-konzeptive Teil. Wie gehe ich an die Dinge heran? Welche Einstellung habe ich als Coaching-Kunde wie als Coach zu Thema, Menschen und Umfeld? Welche Konzepte über Mensch-Sein, Wirklichkeit, Umgang mit anderen usw. habe ich im Hinterkopf?

Abbildung 2: Ganzheitliches Konzept

In der folgenden Tabelle möchten wir einige praktische Beispiele aus unserem Arbeitsalltag zu diesen drei Komponenten im Coaching anführen:

Methodisch-instrumentell	Beziehung, soziale Gestaltung	Ethisch-konzeptiv
Fragebogen zur Selbstdiagnose bspw. Führungsstil, Ich-Zustands-Profil	Eingehen auf Bedürfnisse, Beziehung herstellen durch Blickkontakt, aktives und passives Zuhören	Akzeptieren des Gegenüber. Mag ich ihn im allgemeinen Sinne? (was nicht mit der Akzeptanz von Verhaltensweisen des Kunden gleichzusetzen ist)
offene Fragen zur Anregung eigener Lösungspotenziale	Sprache in der Art des Kunden. Verständlich ist einfach, kurz, konkret, aber auch stimulierend und ergänzend	Wie stehe ich selbst innerlich zum Problem? Hasse ich das Thema oder habe ich selbst das Problem noch nicht gelöst oder lässt es mich völlig kalt?
Visions-Übung durch Fragen, Hinweise zum Zeichnen (Bild der Zukunft) oder innere Reise zur (unter)bewussten Vorstellung über die anzustrebende zukünftige Situation	Welche verschiedenen Beziehungen, im Betrieb, im Privatleben oder in der Freizeit verbinden mich mit dem Kunden bzw. widersprechen sich eventuell auch?	Wie lade ich ihn wirklich ein, zu reden, Dinge zu erzählen, d.h. bin ich bereit, alles zu hören und anzunehmen?
erstellen/entwickeln von Instrumenten, Methoden zur Bewusstmachung bzw. Klärung der Situation, oftmals völlig Neues	Bin ich selbst offen? Kann ich auch eigene Beispiele einbringen (zur Illustration, Hilfe, Unterstützung)?	Biete ich dem Kunden (Eigen) Zeit für Ideen, gebe ich ihm Ideen, Vorgehensweisen vor?
Angebote von Ablaufkonzepten bspw. Problemlösungsprozess oder Entscheidungsprozedere	nonverbale Vertrauensangebote (offener Blick, offene Sitzhaltung ...) oder verbale Einladungen (ich höre Ihnen gerne zu, was möchten Sie mir mitteilen/sagen, ich stehe Ihnen jetzt ganz zu Ihrer Verfügung ...)	Bin ich selbst offen, ehrlich, verschwiegen? Kann ich Vertrauen ausstrahlen, geben bzw. will ich den Kunden – auch vor sich selbst – schützen?

Tabelle 1: Praktische Beispiele zum ganzheitlichen Konzept

Erst die regelmäßige Berücksichtigung aller drei Komponenten im Coachingprozess bietet eine ganzheitliche Orientierung, d. h. beim Gespräch mit dem Coaching-Kunden schauen wir sowohl auf die emotionalen und beziehungsmäßigen Gegebenheiten bei der methodischen Arbeit wie auch auf die zwischen den Zeilen signalisierten ethischen Seiten.

Wenn z.B. das Thema »Ärger mit Mitarbeitern und Umgang damit« heißt, werden Fragen wie z.B. »Was ärgert Sie an der Situation?« oder »Was macht es Ihnen schwer, auf diese Situation wirksam einzugehen?« gestellt bzw. Übungen – etwa ein Rollengespräch zur Situation mit dem (fiktiven) Mitarbeiter durch den Gecoachten in beiden Rollen – angeboten (methodische Komponente). Weiters wird die Beziehung zwischen Gecoachten und seinem thematisierten Partner betrachtet, welche Spannungen und wodurch sie sich breit machen und welchen inneren Auslöser der Ärger hat (»Wie erleb(t)en Sie diese Beziehung in der Vergangenheit? oder »Wie gehen Sie sonst mit Ärger oder Schwierigkeiten um?«). Dies kann möglicherweise direkt auf die innere Haltung und »eigene Philosophie« der Person führen, die einer Lösung im Wege steht, die vielleicht auch hilfreich für Alternativen sein kann.

Traditionell wurden – zumeist unabhängig voneinander – zugezogen:

Bei methodisch-instrumentellen Problemen	z.B. erfahrene Fachexperten, Fachberater usw.
bei Beziehungs-, sozialen Problemen	z.B. Psychologen, Psychotherapeuten, Lebens- und Sozialberater usw.
bei ethisch-konzeptiven Problemen	z.B. weise Ratgeber, Senior-Manager etc.

Diese Gebiete sind in der Wirklichkeit miteinander verknüpft und durchdringen einander teilweise. Speziallösungen sind im Bereich der Überlappungen unbefriedigend und/oder schaffen neue Probleme. Folgendes Bild stellt das symbolisch dar:

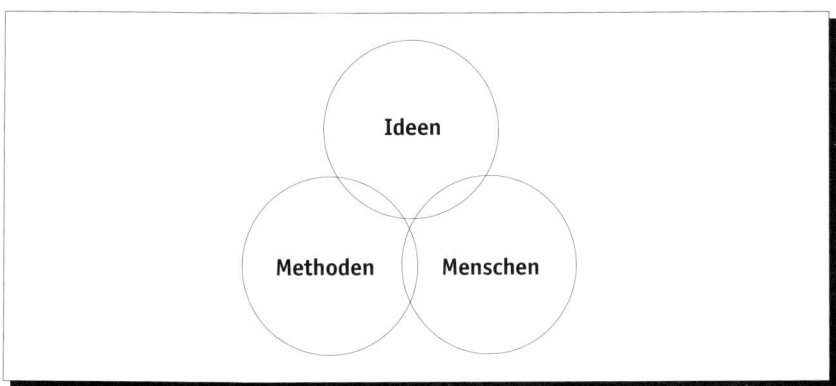

Abbildung 3: Menschen – Ideen – Methoden

1.3 Begriffs-Wirrwarr – Einige vorläufige Klärungen

In der heutigen Literatur taucht unter Coaching eine Vielfalt von Begriffen auf wie Führungs-, Mitarbeiter-, Karriere-, Persönlichkeits-, Fach-Coaching, aber auch exotische Begriffe wie Self-Coaching, Crash-Coaching oder EDV-Coaching. Manche Begriffe umfassen nur einen Teilaspekt des Coaching. Besser wäre auf die schon bestehenden Begriffe wie On-the-job-Training oder Konfrontationsarbeit zurückzugreifen, die die tatsächlichen Inhalte auch klarer beschreiben. Aus unserer Sicht schafft Self-Coaching die Illusion, sich selbst coachen zu können. Ehrlicher wäre Selbstbeauftragung oder Selbstdisziplin (bei der Umsetzung), aber das ist nur ein Teil des Coaching.

Checklists oder Fragen bieten keinen Ersatz für einen Dialog, für Feedback oder einen Kommunikationsprozess, der zu Ideen- bzw. Gedankenaustausch führt oder neue Sichtweisen schafft. Der Coachingprozess kann die Konfrontation widersprüchlicher Aussagen ermöglichen. Begleitungen, die sich auf rein fachliche Abläufe konzentrieren und keine persönliche Betreuung bzw. Eingehen auf die privaten Aspekte im fachlichen Feld beinhalten, sind besser unter Fachberatung oder On-the-job-Training einzuordnen. Beim Crash-Coaching scheint die Agitations-Sprachkultur Blüten zu treiben. Eine Konflikt- oder Konfrontationsarbeit ist als einzelner Aspekt des Coaching zu wenig. Hier fehlen Ideen, Maßnahmen, Unterstützungen und Verstärkung bzw. Zusammenhänge zwischen persönlichen und beruflichen Aspekten, die zu einem Umsetzungs- bzw. Entwicklungsprozess führen.

Coaching ist ...	Coaching ist nicht ...
verbindende Arbeit mit der Berufswelt des Kunden und persönlichen Aspekten	rein fachliche Beratung
zielorientierte und situativ ausgerichtete Begleitung	psychotherapeutische Arbeit
gleichberechtigt ablaufend	Führung hin auf ein Arbeitsziel
Unterstützung von Weiterentwicklung	Team-Entwicklung On-the-job-Training

Tabelle 2: Was Coaching ist bzw. nicht ist

1.4 Arbeits-Themen

1.4.1 Einzel-Coaching

Wenn eine zu coachende Person sich einen kompetenten und vertrauensvollen Partner für eine Begleitung seiner Berufsarbeit sucht, so gibt es eine Vielzahl von Einstiegsmöglichkeiten. Wir wollen ein paar Beispiele dazu als Ausschnitt aus der Vielfalt des Alltags ansprechen:

Themen	Beispielhafte Aussagen zu Beginn des Coaching
Entscheidungsunsicherheit	»ich merke, dass ich oft zögere bei Entscheidungen«, »ich bin unsicher, was richtig ist«, »ich möchte zu besseren und rascheren Entscheidungen kommen ...«
Schwierigkeiten mit anderen Personen in bestimmten Situationen	»ich komme mit X nicht zu Rande«, »was mache ich falsch, dass Y immer wieder dagegen redet ...«
Noch keine Erfahrung mit Führung bzw. Führung von Führungskräften	»Ich übernehme einen neuen Job; bis jetzt habe ich noch keine Mitarbeiter geführt ...« »Ich habe zwar schon Leute geführt, aber noch nicht von der Spitze weg und nicht welche, die selbst Führungskräfte sind« ...
Unterstützung bei der Ausfüllung eines neuen Jobs bzw. neue Situationen im Job und das erfolgreiche Umgehen damit	Chef: »Ich möchte, dass Sie meinen Mitarbeiter begleiten, seinen Weg zu finden, den neuen Job wirkungsvoll auszufüllen« ..., »Ich habe Probleme in meinem neuen Job...«
Keinen Gesprächspartner im Betrieb für komplizierte Unternehmenssituationen, weil auch persönliche Fragen, Unsicherheit oder Unklarheiten mitspielen	»Wissen Sie, ich habe eigentlich niemanden bei uns, dem ich mein Herz ausschütten kann ...« »Ich brauche einen externen Partner, der nicht betriebsblind ist...« »Ich möchte meine persönlichen Fragen und Probleme ungern jemandem im Betrieb erzählen ...«

Themen	Beispielhafte Aussagen zu Beginn des Coaching
Bestätigung für überlegte bzw. ausgewählte Alternativen oder Vorgehensweisen im Betrieb	»Ich habe mir da schon Einiges überlegt, möchte aber gerne wissen, ob das passt...« »Ich sehe da einige Wege, brauche aber einen kritischen Partner, der mir hilft, auf eventuell(e) blinde Flecken draufzukommen«
Sich rüsten für zukünftige Herausforderungen (die sich am Horizont schon abzeichnen)	»Unsere Branche ist so schnelllebig. Da muss ich heute schon etwas tun, damit wir in den nächsten Jahren nicht auf der Strecke bleiben.« »Wie kann ich den sich abzeichnenden Problemen begegnen?« »Ich möchte mit meinen Leuten erfolgreich am Markt sein; was kann ich dazu beitragen? ...«
Persönliche Schwächen, die »man kennt« und die sich im Arbeitsgeschehen auswirken, aber wo der zu Coachende keine Lösungen oder Wege weiß	»Ich weiß, dass ich ein sprunghafter Mensch bin und meine Mitarbeiter Probleme haben. Wie kann ich das ändern?« »Ich neige dazu, wenn nicht gleich einer aktiv wird, dass ich das selbst tue; aber meine Mitarbeiter werden immer fauler ...«

Tabelle 3: Themen-Beispiele für Coaching

1.4.2 Team-Coaching

Coaching als Unterstützung wird nicht nur von Einzelpersonen nachgefragt, zunehmend sind Anfragen von Arbeitsgruppen verschiedenster Formen als gesamte Einheit ein Coaching für sich in Anspruch zu nehmen, festzustellen:

- Prozesse (neu) zu strukturieren, die Einrichtung dafür (mit)zu gestalten und Menschen entsprechend einzuschulen
- die Konsequenzen einer Unternehmensentscheidung für den eigenen Bereich bzw. für die eigene Aufgabe zu untersuchen und durchzuführen
- erfolgreicher miteinander arbeiten zu können
- Klärung zu finden, was im Team hindert, um miteinander besser umzugehen
- aus dem gemeinsamen »Chaos« wieder ein gemeinsames Vorgehen zu machen

- die gemeinsame Arbeit hinterfragen, die schon zur Routine wurde
- als Projektteam auch während des Projektes wollen wir erfolgreich zusammenarbeiten und Ergebnisse erzielen. Wir wollen von Zeit zu Zeit überprüfen, wie es noch besser gehen könnte usw.

Diese Themen sind oft mit – auch heiklen – Personalproblemen verbunden, ganz egal ob es sich um zukunftsorientierte Veränderungen oder gegenwärtige Unstimmigkeiten oder gar Folgewirkungen einer Krise aus der jüngsten Vergangenheit handelt. Die Ausgangslage für ein Coaching kann auch weniger sachlich, mehr emotional oder beziehungsorientiert sein wie bspw.

- Schwierigkeiten mit bestimmten Personen oder Gruppen. Wie kann ich damit umgehen bzw. fertig werden?
- Schwierigkeiten in Beziehungsfragen oder Konflikten
- Umgehen mit eigener Unsicherheit, mit Gefühlen oder mit Emotionen, die meine Umgebung mir zeigt usw.

Dies sind Beispiele aus der Coaching-Praxis mit Personen, gleich ob Führungskraft oder Mitarbeiter in einer Organisation, aber auch mit Gruppen und Teams. Das Leben ist viel komplexer geworden und verändert sich in immer kürzeren Intervallen. Der einzelne Mitarbeiter ist oft überfordert, da die persönlichen Aufgaben nicht von denen der Kollegen isoliert gesehen werden können.

Der Aberglaube, dass jeder Manager jedes Problem im eigenen Kopf zu lösen hat, um als Manager anerkannt zu werden, ist längst überholt. Coaching, Beratung und Begleitung jeder Art wird Schritt für Schritt zu einer Selbstverständlichkeit – nicht als Beweis der Unfähigkeit der Person oder als Verschwendung von Geldmitteln. Die Verantwortung bleibt in jedem Fall beim Manager – abgesehen davon, dass eine gute Entscheidung(sfindung) das Vielfache eines Coaching-Honorars bringen bzw. einsparen helfen kann.

1.4.3 Wann und wie lange Coaching?

Wenn die Fragen bzw. Probleme als Ausgangssituation bekannt sind, ist es dann sinnvoll, sich einen Coach als Partner zu suchen? Wann sollte der zu Coachende das ernsthaft erwägen?

Sobald man das Gefühl hat, es könnte jemand als Gesprächspartner, ,,soundingboard«, Hinterfrager, zusätzlicher Ideengeber oder ähnliches in Frage kommen, ist es ratsam, sich nach einer derartigen Person umzuschauen. In vielen Fällen haben diese Personen Kontakt zu Trainern, Beratern, Psychologen usw. Es gibt meist genügend Menschen in der beruflichen oder privaten Umgebung, die eine Person mit entsprechendem psychosozialen wie fachlichen Hintergrund kennen.

Wichtig ist dabei, ein Vorgespräch mit dem ins Auge gefassten weiblichen oder männlichen Coach zu führen. Das hilft zu sehen, ob eine gute Wellenlänge zwischen den beiden Gesprächspartnern herrscht bzw. der zu Coachende auch ein gutes Gefühl der Unterstützung sowohl fachlicher wie menschlicher Art hat. Es klärt, ob der mögliche Coach ein »Zampano in allen Gassen« scheint oder in den wichtigsten Fragen gar nicht Stellung nehmen möchte, ob er mit Erfahrung sowohl auf beruflich-fachlichem Sektor wie auf psychosozial-beziehungsorientiertem Sektor aufwarten kann oder nur Fachmann ist bzw. nur therapeutisch agiert. Neben der inhaltlichen Frage ist auch die Zeitfrage von Bedeutung.

Coaching ist ein kontinuierlicher Prozess, d.h. dass mit mindestens 3-4 Gesprächen zu rechnen ist. Diese Gespräche sollten in nicht zu großen (mehr als zweimonatigen) oder in zu kurzen Abständen (unter 2 Wochen) stattfinden. Eine Einzelstunde kann in der mittleren Phase eines Coaching ohne weiteres erfolgen, am Anfang in der Phase der Diagnose und Orientierung sollten mindestens zwei Stunden in einem, eventuell sogar noch mehr, genutzt werden.

Was den Zeitpunkt betrifft, so haben sich am besten Zeiträume herausgestellt, wo der zu Coachende sich in Ruhe auf die Coachingarbeit konzentrieren kann. Das kann am frühen Abend sein, kann natürlich auch tagsüber vormittags oder nachmittags passen, je nach Arbeitssituation oder persönlichen Bedürfnissen. Sicherlich ist auch der Ort, seine Ungestörtheit bzw. Lage mit einzubeziehen.

1.5 Rahmenbedingungen für Coaching

Welche für Coaching geeignete bzw. ungünstige Rahmenbedingungen finden wir in Organisationen vor?

Gehen wir von ein paar einfachen Situationen aus:

Fall A

Der Coachingwunsch kommt direkt vom zu Coachenden. Er wendet sich an einen außerhalb des Betriebes tätigen Coach. Ein Vorgespräch mit ihm bringt Klarheit, oh die Art der Kommunikation und des Arbeitens passt. Der Wille und das voraussichtliche Thema der Betreuung sind für den Kunden klar. Er entscheidet sich freiwillig für diesen Coach. Im Betrieb gibt es eine breite Palette an Personalentwicklungs-Maßnahmen, die den Mitarbeitern zur Verfügung stehen

Fall B

Ein Vorgesetzter meldet sich bei einem Coach und möchte für seinen Mitarbeiter ein Coaching durchführen lassen. Der Mitarbeiter hat massive Schwächen in der sozialen Kompetenz. Er geht mit seinen Mitarbeitern sehr harsch um, bekommt Widerstände, die Zielerreichung lässt zu wünschen übrig. Er meint, dass dem Mitarbeiter durch Coaching vielleicht geholfen werden könnte.

Fall C

Eine Führungskraft meldet sich beim Coach und möchte eine Begleitung seiner Führungsarbeit. Er hat sich mit seinem Personalentwickler abgestimmt, der dafür ist. Mit seinem Chef hat er nicht gesprochen, der hält nichts davon. Dieser erwartet vielmehr, dass er in seiner Abteilung hart durchgreift, vielleicht die Leute auf Schu-

lung oder Seminare schickt. Im Unternehmen herrscht so etwas wie Reparatur-Mentalität. Die Mitarbeiter zeigen kein Engagement, keine Motivation, die Ergebnisse sind die schlechtesten aller Verkaufsabteilungen. Er weiß nicht, was er tun soll und erwartet vom Coach Hilfe und Tips.

Fall D
Ein Mitarbeiter wendet sich an den Coach, der ihm von einem Bekannten empfohlen wurde. Dieser meinte, dass der Coach ihm helfen könnte, sein Privatleben in Ordnung zu bringen und das wäre notwendig, da seine berufliche Leistung sehr darunter leidet. Die Arbeitsergebnisse führten dazu, dass sein Chef mit ihm schon ein intensives Gespräch geführt hat. Er brauchte dringend Druck, um mit seinen Problemen fertig zu werden. Viel komme sicherlich aus seiner Familienvergangenheit, wie er meinte.

Wenn wie im Fall A ein Coaching auf hohe Akzeptanz stößt, weil es eine Selbstverständlichkeit ist, bei Problemen jemand anderen zu Rate zu ziehen, ist der erste Schritt schon getan. Die direkte Coachinganfrage benötigt auch keine Abklärung auf einer dritten Seite.

Anders ist dies im Fall B: Hier steht im Vordergrund, wie weit der Mitarbeiter aus freiwilligen Stücken bereit ist, den Coachingprozess zu beginnen. Nur um dem Vorgesetzten zu gefallen und dann »sein« Ziel zu erreichen, führt zu »Anpassungs-Coaching«. Dies wird in weiterer Folge keine wirkliche Veränderung und Lösung bewirken. Der Chef scheint für ein Coaching offen zu sein, es ist nicht von vornherein Druck auf den Mitarbeiter ersichtlich.

Im Fall C ist der Vorsatz der Führungskraft sich unterstützen zu lassen, als positiv zu betrachten, auch die motivationale Unterstützung durch den Personalentwickler ist positiv. Zu beachten ist jedoch die Art des Kunden, sich einzufügen und abhängig sein zu wollen (»Tips und Hilfe«). Erfolgreiches Coaching verlangt Eigeninitiative und Selbstverantwortlichkeit. Trotzdem ist die Frage akut, ob Coaching wirklich etwas hilft, da der Vorgesetzte und auch die Kultur, in der der Vorgesetzte und die zu coachende Führungskraft leben, wenig lern- und veränderungsfördernd sind. Druck von oben und subtiler Widerstand von unten bis zur inneren Kündigung benötigen wahrscheinlich besondere Aufmerksamkeit, in Form von mehr Teamarbeit oder einer Klausur, um die Probleme zu verdeutlichen, vielleicht auch gemeinsame Seminare zur Kommunikationskultur.

Ganz anders liegt die Sache bei Fall D: Hier steht das persönliche Thema im Vordergrund, das sich aber im Berufsleben auswirkt. Im Nebensatz wird sozusagen ein therapeutisches Arbeitsthema angeboten. In diesem Fall ist Vorsicht geboten. Hier ist die Rolle des Psychotherapeuten bzw. des Lebens- und Sozialberaters gefragt. Vielleicht kann später oder zeitversetzt im Coaching daran gearbeitet werden, bspw. wenn verschiedene persönliche Punkte herausgeschält, Veränderungsvorhaben entwickelt wurden und es darum geht, wie das auf die Berufssphäre umgesetzt bzw. überprüft werden kann.

Für das Angehen und den Erfolg von Coaching ist es gut, auf

- die Motivation des zu Coachenden
- die Beziehung zum Coach
- die Klarheit und Transparenz der Vereinbarungen
- die Kultur des Unternehmens/des Bereichs
- die Persönlichkeitsmuster des zu Coachenden

zu achten.

1.5.1 Motivation des Coaching-Kunden

Der eigene Wunsch, einen Coach aufzusuchen und etwas verändern zu wollen, ist eine hervorragende Ausgangsbasis. Fehlt der innere Antrieb, dann kann durch Coaching bestenfalls ein oberflächliches Resultat durch »Anpassungs-Coaching« erreicht werden. Übernimmt der Kunde die Initiative, hat er ein »echtes« Problem bzw. eine Frage und auch Vorstellungen davon, was er mit Coaching erreichen will, dann kann die Energie im Coaching auf die Arbeit und Entwicklung gerichtet werden. Das ist auch der Fall, wenn die Anregung zwar von außen kommt, aber nach kurzer Klärung der Problemlage die eigene Motivation zu wirken beginnt. Wenn eine Empfehlung für das Coaching von Kollegen oder vom Vorgesetzten kommt, innerlich Druck erlebt wird und der Betreffende mit einer »Problempackung zur Verbesserung« geschickt wird, dann besteht die Gefahr der Anpassung und sich übermäßig auf Wünsche anderer auszurichten. In der Umsetzung kann dieser innere Druck zu subtiler Rebellion (ja ich weiß, aber es geht nicht...) oder Erfolgslosigkeit (ich hab mich ja bemüht...) führen.

Manchmal kommt der Wunsch nach Ratschlägen, insbesondere aufgrund der Erfahrungen des Coach auf, die der zu Coachende für sich in gleicher Weise umsetzen möchte. Das funktioniert nur in Zufallssituationen, in den meisten Fällen sind Eigenadaptionen nötig. Im Alltag gehört der eigene Wille, der innere Antrieb zur Verbesserung oder Veränderung dazu. Auch bei Schwierigkeiten auf dem Weg, Auflösen von Wunschvorstellungen oder längerer Dauer bis zur Verwirklichung, ist die innere Motivation eine entscheidende Triebfeder.

An Hindernissen oder Querschüssen kann man festmachen, ob wirkliche Motivation zum Coachingprozess vorhanden ist. Auch bei scheinbar klaren Zielen des Coaching-Kunden kann es zu Veränderungen bei der Zielsetzung während des Coachingprozesses kommen. Oft sind die ersten Ziele nur äußere, offizielle Vorhaben. Was wirklich an Wünschen und eigentlichen Zielen dahinterliegt, wird im Coachingprozess oft erst später deutlich.

1.5.2 Beziehung zum Coach

Einem erfolgreichen Coachingprozess steht wenig im Wege, wenn der Coach in der Einstiegsphase vorhandene Vorurteile, Befürchtungen, (unrealistische) Erwartungen aufarbeiten kann und wenn er Einseitigkeit in der Beziehung gemeinsam mit dem zu Coachenden klären kann. Glückt dies nicht, dann kann der Coach wie auch der zu Coachende frühzeitig stoppen bzw. abbrechen. Dies ist auch Schutz vor einer späteren Abwertung nach dem Motto »das Coaching hat ja doch nichts gebracht«.

Die Tragfähigkeit der Beziehung ist eine wichtige Voraussetzung für erfolgreiches Coaching. Je offener die Kommunikation, je mehr wechselseitige Akzeptanz – sowohl was die Rolle als die Person betrifft – umso besseres Vertrauen ist vorhanden. Die Beziehung entsteht in den ersten Kontakten, auch in den inneren Bildern voneinander. Später wird sie zur Selbstverständlichkeit, wenn beide auf Thema und Prozess schauen. Offenheit, Vertrauen und Akzeptanz bedingen einander. Sie sind wie Drillinge. Der eine kann ohne den anderen nicht sein. Wo Offenheit beim anderen erlebt wird, wächst Vertrauen. Wechselseitiges Verständnis führt zu Wertschätzung und Akzeptanz. Bemerkt der Coach, dass die Kommunikation mühsam ist, kann er dies in passender Form ansprechen. Beispielsweise »ich höre, dass sie jetzt zum vierten Male ...« oder »ich merke, dass ich mich mühe im Gespräch und mehrmals keine Antwort auf meine Fragen bekommen habe ...« u.ä.m.

Das Beziehungsfeld interner wie externer Coach

In der Praxis wird der Zusammenhang des Coach mit dem zu Coachenden (Coachee) in weiteren, über die Coaching-Beziehung hinausführenden Beziehungen unterschätzt. Im Alltag spielen diese oft im Hintergrund befindlichen Beziehungsstrukturen eine wichtige bis entscheidende Rolle. Aus der eigenen Erfahrung im Coaching sowie der Arbeit in der Organisations- und Personalentwicklung zeigt sich, dass verschiedentlich »Doppel- oder Mehrfach-Rollen« bis zur Unvereinbarkeit mit der Coaching-Arbeit führen. Probleme bei der Umsetzung bzw. der Akzeptanz sind immer wieder darauf zurückzuführen.

Interne Coaches und ihre Beziehungsstrukturen

Interne Coaches wie Personalentwickler, interne Trainer oder Berater können vier typische Situationen vorfinden:

Typ 1 (Abb. 4a):
Der Coach und der zu Coachende sind auf gleicher Hierarchiestufe. Der allgemeine »Auftraggeber« ist die Firmenleitung. Die Beziehung ist unabhängig von direkten Abteilungs- oder Ziel-Einflüssen.

Typ I 2 (Abb. 4b):
Der zu Coachende ist hierarchisch eine oder auch mehrere Stufen unter dem Coach angesiedelt. Der Auftraggeber, sein Chef, sitzt entweder hierarchisch über dem Coach oder auf gleicher Hierarchieebene. Der Coach bekommt den Auftrag, den Mitarbeiter X zu coachen

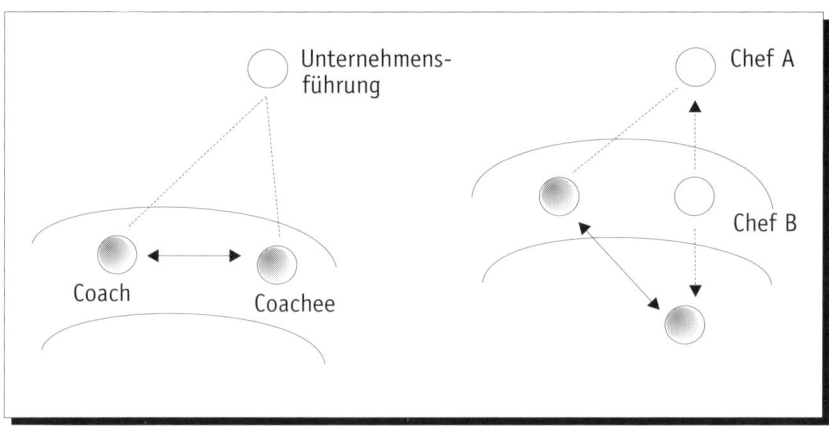

Abbildung 4a + 4b: Interne Beziehungsstrukturen (Querbogen=Hierarchielinie)

Typ I 3 (Abb. 5a):
Der Coach soll einen Kunden coachen, der hierarchisch über ihm steht und der es selbst so will.

Typ I 4 (Abb. 5b):
Sondersituation: Chef coacht den ihm unterstellten Mitarbeiter. Ausgangssituation sind Probleme des Mitarbeiters und der Chef bietet sich ihm als Unterstützer an

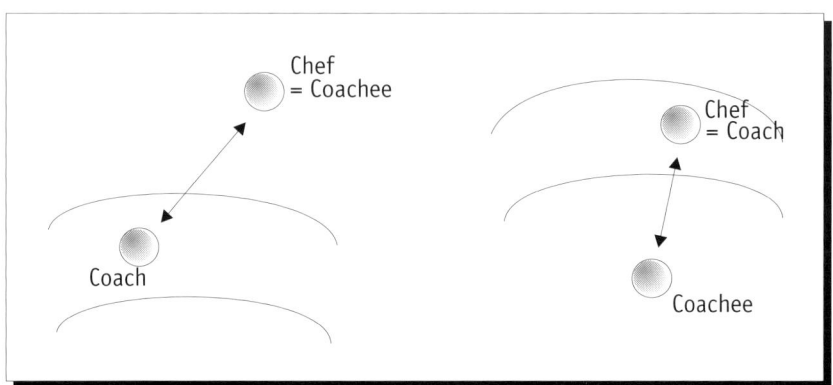

Abbildung 5a + 5b: Interne Beziehungsstrukturen (Querbogen=Hierarchielinie)

Zu beachten ist bei allen Fällen, wie weit die Über- bzw. Unterstellung Abhängigkeit erzeugt, auch wenn diese äußerlich nicht zugegeben wird oder scheinbar nicht wirkt. Ein weiterer Punkt sind die organisatorischen Verflechtungen oder Einflüsse der Arbeitssituation, auch wenn sie nur indirekter Natur sind. Nicht zuletzt bedeutet auch die »Vergangenheit« von Beziehungen, bspw. durch frühere Zusammenarbeit in einer Abteilung, früherer Über- und Unterstellung des Paares Coach und Coaching-Kunde o.ä., eine Beeinflussung des Coaching. Nur wer sich von all diesen Einflüssen innerlich wie äußerlich freihalten kann, wird eine gute Basis für eine reife und wirkungsvolle Coaching-Beziehung eingehen können.

Der Sonderfall eines Vorgesetzten, der seinen Mitarbeiter coacht, ist besonders unter dem Gesichtspunkt zu sehen, dass der Vorgesetzte vielleicht den Wunsch hat, durch Coaching beim Mitarbeiter ganz bestimmte Verhaltensweisen, Leistungen usw. indirekt »durchzusetzen«. Die subtile Art, Schwächen des Mitarbeiters zu sehen und diese durch »Unterstützung« zu verbessern, sind ethisch fragwürdige bis manipulative Muster. Diese geben scheinbar dem Mitarbeiter anfänglich kaum Chancen, unbefangen auf diese »Hilfeleistung« einzugehen. Es könnten gravierendere Probleme wie Arbeitsplatzverlust o.ä. folgen. Fraglich ist auch, ob der Vorgesetzte die nötige Distanz zum Mitarbeiter aufbringt und ob er ausreichende psychosoziale Fähigkeiten gelernt und eingeübt hat, um mehr als nur miteinander reden zu können.

Externe Coaches und ihre Beziehungsstrukturen

Werfen wir einen weiteren Blick auf die Beziehungen zwischen externen, also betriebsfremden Coaches und ihren Coaching-Kunden. Auch hier möchten wir auf vier Typen, die wir häufig in der Praxis vorgefunden haben, näher eingehen:

Typ E 1 (Abb. 6a):
Ein Coaching-Kunde hat von einem Coach gehört, der als Trainer (Berater u.ä.) freiberuflich arbeitet und möchte mit ihm ein Coaching vereinbaren und durchführen.

Typ E 2 (Abb. 6b):
In einem Projekt (bspw. Teamentwicklung) hat der Chef den Trainer und Berater konkret erlebt. Die Art gefällt ihm, und er merkt, dass einige Aspekte seiner Führungstätigkeit verbesserungswürdig sind. Er möchte neben der Teamentwicklung mit dem Externen ein Coaching vereinbaren.

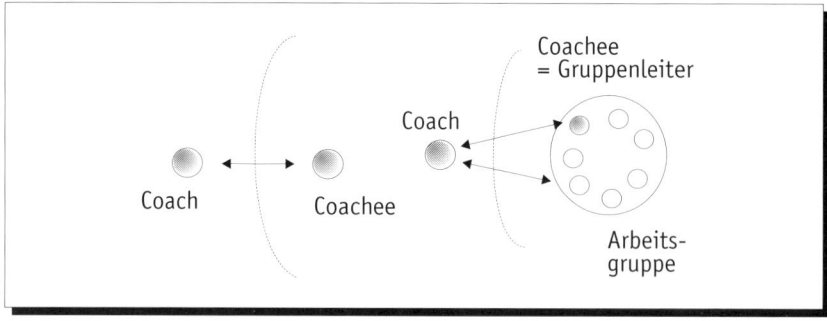

Abbildung 6a + 6b: Externe Beziehungsstrukturen (senkrechte Linie = System-
grenze)

Typ E 3 (Abb. 7a):
Ein Coaching-Kunde ruft einen Coach an, den er von früher her kennt. Beide sind
im Tennisclub seit vielen Jahren, hatten auch vor Jahren Funktionen in einem
gemeinsamen Vorstand inne.

Typ E 4 (Abb. 7b):
Ein Auftraggeber, zumeist Geschäftsleitung, sucht sich einen Coach für einen
Mitarbeiter, der aus seiner Sicht gut zu dem Problem und zur Problembearbeitung
des Coaching-Kunden passt. Dem Coaching-Kunden wird höflich nahegelegt, dass
er einiges in Zukunft ändern müsste. Man habe für ihn die Möglichkeit des Coaching erwogen. Er könne sich frei entscheiden.

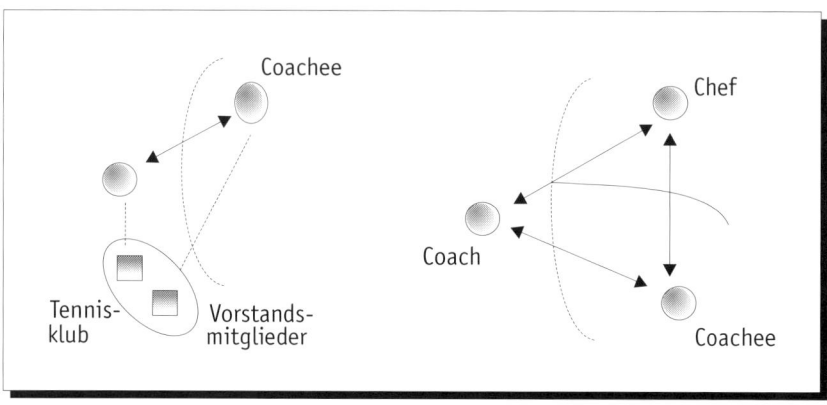

Abbildung 7a + 7b: Externe Beziehungsstruktur (senkrechte Linie = System-
grenze)

In all diesen Fällen zeigt sich wiederum, dass die Partnerschaft auf Zeit mit einer
korrekten, gleichwertigen und empathisch-distanzierten Beziehung ein wichtiges Kriterium ist. Im ersten Fall wird dies am leichtesten zu realisieren sein, wäh-

rend dies im letzten Fall – mit der scheinbaren Freiwilligkeit – am schwierigsten sein wird. Hier besteht die große Gefahr eines »Abhängigkeits-Coaching«, das der Mitarbeiter »gerne« annimmt, um sich so zu verändern, wie die anderen es wollen.

Im Fall der Teamentwicklung ist besonderes Augenmerk auf die Parallelität der Beziehungen des Coaches zu legen, die einerseits zum Team besteht und andererseits zum zu Coachenden als Chef dieser Einheit. Welche Unklarheiten und Intransparenzen entstehen? Wie weit könnte einseitig Einfluss auf die Entwicklung von außen (Coach) ausgeübt werden, gleich ob der Coach es gar nicht will oder bestimmte Vorstellungen durchsetzen will. Ein Widerstand der Mitarbeiter in der Teamentwicklung könnte kommen, wenn sie erfahren oder vermeinen, dass ein Coaching des Chefs – zu ihrer Beeinflussung oder zur Stärkung des Chefs »gegen sie« – stattfindet.

Im dritten Beispiel sollten positiv wie negativ die (unter)bewussten Vergangenheiten der beiden Partner im Coachingprozess berücksichtigt werden. Es könnte zur Wahl des Coach kommen, weil »man ihn so gut kennt«. Das führt zu positiver Abhängigkeit, d.h. dass der Coach nicht so viel Distanz hat oder bekommt, wie er zu Konfrontation, sachlicher Akzeptanz usw. braucht. Der zu Coachende kann auch so manches »auf die leichte Schulter nehmen«, was der Coach ihm sagt, denn »ja, ja, ich weiß ja eh, aber Du kennst mich doch, dass es seine Zeit braucht...«.

1.5.3 Klarheit und Transparenz der Vereinbarungen

In einer direkten Coaching-Beziehung ist es sinnvoll, die wichtigsten Punkte wie Ausgangssituation, Zielsetzung, Verantwortung, auch Zeitdauer, Zeitpunkte usw. festzulegen. In manchen Fällen klingt es vielleicht übertrieben, dies auch schriftlich zu tun. Unserer Erfahrung nach kann dies vielen später entstehenden Schwierigkeiten und Missverständnissen – keineswegs bewusst provozierten – vorbeugen. Umso bedeutender wird dies, wenn mehr als zwei Personen am Coaching beteiligt sind wie bspw. ein Chef und sein Mitarbeiter oder ein zu Coachender mit seinem Personalentwickler und dem Coach. Hier ist auf allen Seiten das Ziel und die Bedingungen zu klären und sie auf der nicht direkt involvierten dritten Seite transparent zu halten. Was den Coach betrifft, wird er auf einige ethische Aspekte und organisatorische Rahmenbedingungen achten müssen.

Auf den transaktionsanalytischen Hintergrund aufbauend arbeiten wir gerne mit dem Dreiecks-Vertrag (F. English). Dieser sieht vor, dass jede der beteiligten Seiten an dieser Arbeit jeweils zwei »Verträge« hat, die nicht beliebig von einem auf den anderen Vertrag übertragbar sind. Beispielsweise stellen die ausgehandelten Punkte mit der Firmenleitung, dem Personalentwickler oder anderen Personen die eine Vereinbarungsseite dar, die andere ist über den direkten Kontakt die mit dem konkreten Coaching-Kunden ausgehandelte Vereinbarung für den Coaching-Ablauf, die Ziele, Inhalte usw.

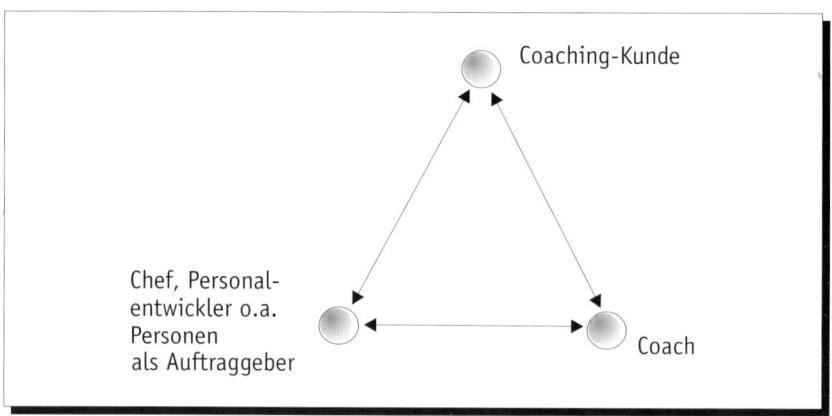

Abbildung 8: Dreiecks-Vertrag

1.5.4 Kultur des Unternehmens bzw. des Bereiches

Die Haltung im Unternehmen, sprich Unternehmenskultur, beeinflusst ebenfalls Coaching und Coaching-Erfolg. Wird Coaching z.B. einseitig als Hilfe für persönliche Schwächen gesehen, kann dies erfolgversprechende Lösungen verhindern. Oder wenn, dann könnte der Coaching-Kunde nachher nicht ernst genommen werden, da er ja selbst nicht in der Lage ist, seine Situation zu managen. Es macht einen Unterschied, welche Funktion und Rolle der Betreffende im Unternehmen einnimmt und welches Ansehen er genießt.

Günstig für Coaching ist eine Kultur, die die Leistung an der Kundenzufriedenheit misst, die Team- und Zusammenarbeit hoch bewertet und die Entwicklung als wichtig sieht und wo es sich lohnt, in Mitarbeiter zu investieren. Ungünstige Aspekte für ein Coaching sind dagegen auftragsbezogene Leistungsmessung, hohe Bewertung der persönlichen Leistungen und Messung an kurzfristigen Erfolgen und Zahlen, die belohnt werden.

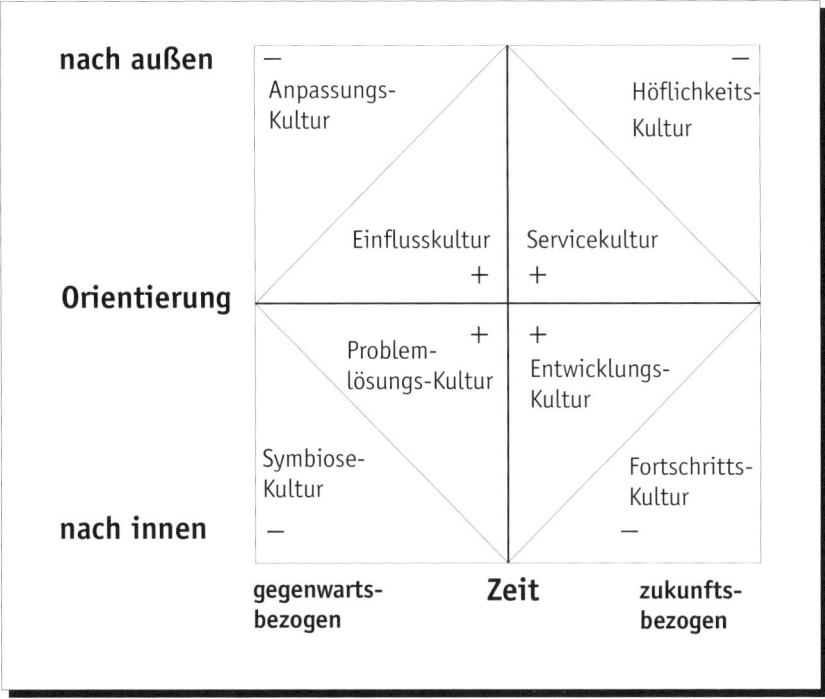

Abbildung 9: Kultur-Dimensionen

Im Folgenden wollen wir vier Kulturaspekte der Einstellung gegenüber dem Coachingprozess unterscheiden. Bei einer »Einfluss- (+) vs. Anpassungs-Kultur« (-) oder »Service- (+) vs. Höflichkeits-Kultur« (-) steht die Außenorientierung im Vordergrund. Anpassungs- und Höflichkeitskultur zeigen destruktive, Einfluss- und Service-Kultur konstruktive Inhalte für die Beziehungs-Entwicklung. Beispielsweise das im Coachingsprozess Erfahrene und Gelernte wird entweder aus Kundengründen akzeptiert oder aus innerer Akzeptanz des Inhalts. Eine »Problemlösungs- (+) vs. Symbiose-Kultur« (-) richtet sich hauptsächlich in der Gegenwart auf die Innenseite der Organisation, während sich die »Entwicklungs- (+) vs. Fortschritts-Kultur« (-) vordergründig mit der Zukunftsperspektive beschäftigt.

1.5.5 Persönlichkeitsmuster des zu Coachenden

Hier wird die Erfahrung, die psychosoziale Fachkenntnis, aber auch die Intuition des Coach in der Situation, gefordert. Was zeigt der Kunde in den ersten Minuten an nonverbalen bzw. verbalen Verhaltensmustern? Welche »Arbeitshypothesen« dazu kann sich der Coach bilden, um für sich zu sagen: Ist ein Coaching unter diesen persönlichen Haltungen machbar oder nicht? Was sind mögliche Hintergrundmuster, die sich zeigen und welche Auswirkungen haben diese im Coachingprozess? Erlebe ich den zu Coachenden als wirklich lern- und veränderungsbereit oder redet er sich das selbst nur ein? Was hat er in den letzten Jahren an Veränderungen durchgeführt? Welche innere persönliche Ausgangslage gibt es? Sind festgefahrene Normen ein Thema oder tiefverwurzelte Ängste, Destruktivität, auch gegen sich selbst? Ist beim Coaching-Kunden ein ruhiges Wesen sichtbar, das weiß, was es will, aber einen kongenialen Partner braucht? Ist Lernen für den Coaching-Kunden etwas Leichtfüßiges oder schwere Kavallerie?

Das ist ein Ausschnitt jener Fragen, die sich ein Coach stellen sollte, bevor er in ein Coaching geht. In vielen Erstgesprächen zeigen sich grundlegende Muster von Personen. Ich halte es hier mit Eric Berne, der einmal gesagt haben soll: Im ersten Satz zeigt sich das Lebensdrehbuch der Person. Mit den ersten 10 Sekunden bekommt man eine Menge an Verhaltensinformationen geliefert. Vermessen wäre es jedoch zu glauben, damit wäre bereits alles gelaufen. Jeder Coach ist gut beraten, seine Arbeitshypothesen regelmäßig zu überprüfen.

1.6 Der Coach – Kompetenzen und Einstellungen

1.6.1 Kompetenzfelder

Ein wesentliches Merkmal ist der Dialog zwischen dem Kunden und dem Coach.

Methodisch gilt dafür alles, was über das »helfende Gespräch« und die Kunst des Dialogs entwickelt wurde. Schriftliche Fragen und Checklisten sind kein Ersatz für das Gespräch. Im Dialog ist z. B. möglich:

- Ein lebendiger Austausch von Gedanken und Erfahrungen aus dem neue Fragen oder kreative Ideen hervorgehen können
- Überprüfen von Vermutungen, Vorschlägen u. ä. von verschiedenen Seiten aus
- Innere Widersprüche aufzeigen
- Feedback geben oder konfrontieren
- Erweiterung des Horizonts.

Für einen Coach gibt es vier grundlegende Bereiche, in denen er Fähigkeiten und Fertigkeiten aufweisen sollte. Aus den Erhebungen und eigenen Erfahrungen sowie Gesprächen mit Kunden wurde deutlich, dass einige Kompetenzfelder für den Coach von entscheidender Bedeutung sind. Klienten wollen teilweise vor dem Coaching darüber Klarheit. Wenn dies nicht möglich ist, so möchten sie zumindest zu Coaching-Beginn das Gefühl haben, dass diese Fertigkeiten vorhanden sind und eingebracht werden können.

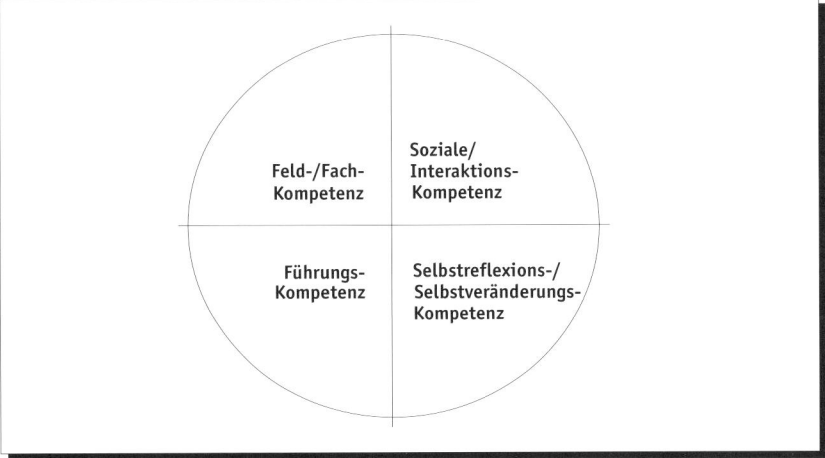

Abbildung 10: Kompetenzfelder des Coach

1.6.2 Die Positionen des Coach zum Thema

Jeder Coach wird mit Themen konfrontiert, die er gemeinsam mit dem zu Coachenden bearbeiten soll. Diese können auch bei ihm unterschiedliche emotionelle und sachliche Reaktionen auslösen. Beispielsweise kann ein Thema den Coach an seine eigenen Probleme und Schwierigkeiten im Leben erinnern oder ihn aber unberührt lassen. Seine inneren Bilder können ihn daran hindern, das Thema bzw. die Problemstellung wirklich im Sinne des Kunden zu verstehen. Er hat mehr oder weniger »Distanz« zum Thema.

Aus unserer Erfahrung lassen sich insgesamt fünf solche innere Positionen des Coach ableiten.

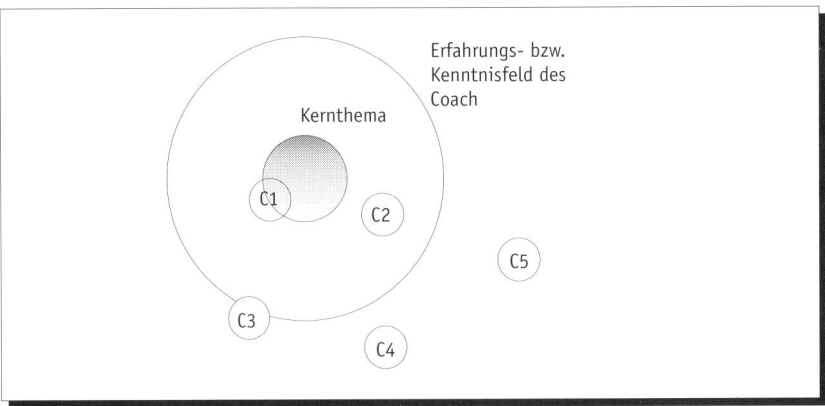

Abbildung 11: Fünf Positionen des Coach zum Thema

Im Fall von C 1 trifft das Thema den Coach. Er selbst steckt z.B. in der gleichen Malaise wie der Kunde. »Am besten wäre es vielleicht die Erfahrungen des Kunden zu hören oder aus dem Gespräch wertvolle Hinweise für die eigene Problemlösung zu bekommen«, könnte ein Coach denken. Hat der Coach die Probleme, die der Kunde ins Coaching bringt, selbst in der Vergangenheit gehabt, hat sie jedoch zu seiner Zufriedenheit gelöst, dann ist der Coach vom Kunden-Thema sicherlich betroffen (C 2). Aus dieser Betroffenheit und den Erfahrungen, wie »man's lösen kann«, erwächst Kompetenz. Das ist also eine gute Voraussetzung für ein erfolgreiches Coaching.

Eine weitere Möglichkeit besteht darin, dass der zu Coachende ein Thema einbringt, das dem Coach bekannt ist – aus seinem Leben, seinem Beruf, seinen Gesprächen und Erfahrungen – er jedoch von Anfang an mit dieser Situation gut umgehen konnte (C 3). Kennt er das Ansinnen des Coaching-Kunden aus Gesprächen, Beschreibungen von anderen, und sieht es als mögliches Problem, hatte jedoch keine Schwierigkeiten damit. Er weiß aus seiner professionellen Situation heraus, damit umzugehen (C 4). Letztlich könnte noch eine Situation eintreten, die für den Coach praktisch unverständlich ist. Eine Kunde liefert ihm eine Situation oder Schwierigkeit, die aus Sicht des Coaches »eigentlich gar kein Problem sein dürfte« (C 5).

Für die Coaching-Praxis scheiden zwei Einstellungen des Coach aus, die ein echtes Coaching unrealistisch machen. Sollte der Coach selbst vom Thema getroffen sein (C 1) oder ihn das Thema »nicht kratzen« (C 5), dann wird er kaum die Energie oder das Einfühlungsvermögen aufbringen, den Coaching-Klienten wirklichkeitsgerecht zu betreuen, zu unterstützen bzw. auch zu beraten.

Der Coach wird einerseits zu subjektiv sein, und es fehlt ihm daher die nötige emotionale Distanz zum Thema, oder es entsteht so etwas wie »Abhängigkeit« vom Problem ohne es zu merken. In der zweiten Situation ist die Distanz des Coach zum Thema zu groß. Er ist dann eher uninteressiert oder verständnislos dem Thema gegenüber. In allen anderen drei Möglichkeiten besteht eine hohe Chance, ein gutes Coaching – wenn alle anderen persönlichen, beziehungsmäßigen oder methodischen Belange funktionieren – durchzuführen.

1.7 Coaching im Vergleich mit anderen »beratenden Hilfeleistungen«

Was ist Coaching nun eigentlich seinem Wesen und seinen Aspekten nach? Coaching ist eine Form der Hilfeleistung für Lernen, Leben und Handeln von Menschen. Viel mehr als eine Definition bringt der Vergleich mit anderen Rollen und Formen der Hilfeleistung.

Coaching kann als eine dieser Rollen gesehen werden, die Antworten geben auf unterschiedliche Bedürfnisse, also auch unterschiedliche Ziele verfolgen. Folgende Abbildung charakterisiert die Position, den Stellenwert von Coaching im Kreise der möglichen Hilfeleistungen.

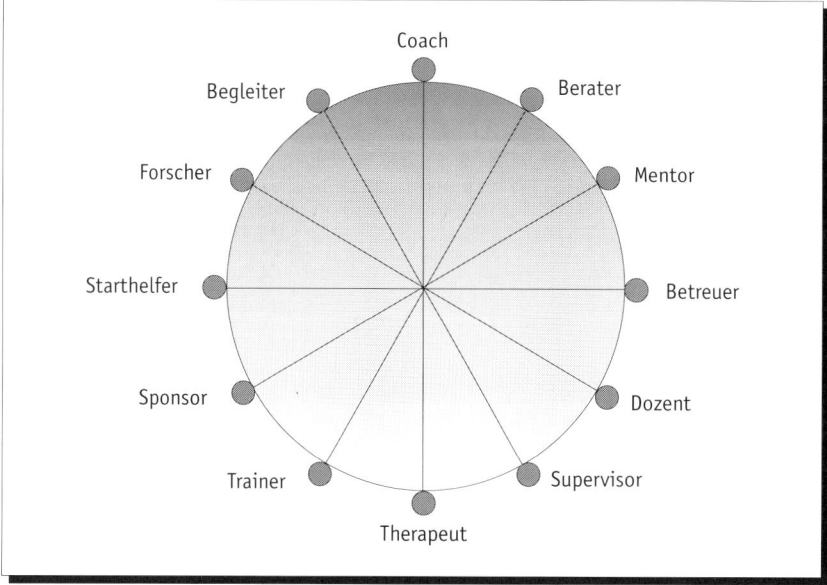

Abbildung 12: Helferrollen (nach *Hans von Sassen*)

Um die entsprechenden Rollen zu unterscheiden bzw. den Kern ihrer Aufgaben zu erfassen, möchten wir eine kurze Charakteristik der genannten Rollen anführen:

BeraterIn
hilft inhaltlich bei der Suche nach Handlungsalternativen und Entscheidungen darüber, also bei Fragen über Leitbild, Ziele, Strategien, Strukturen, Prozesse, Methoden, Einrichtungen usw.

MentorIn
hilft jemanden, sich in eine Arbeitssituation bzw. Fachgebiet, insbesondere beim Hineinwachsen in neue Aufgaben/Funktionen, zurechtzufinden. Er spielt eine Art Pate und Förderer, beantwortet Fragen, gibt Informationen und Hinweise.

BetreuerIn
hilft für längere Zeit bei der Durchführung und Problembewältigung von Projekten, Lern- oder Arbeitsvorhaben. Er unterstützt, schützt und hilft Vorhaben durchzubringen.

DozentIn
vermittelt und unterstützt Bildung, entwickelt Fähigkeiten und ist Lehrer bzw. Studienleiter in Aus- und Weiterbildung.

SupervisorIn
leitet Erfahrungslernen im Rahmen von Berufs- und Weiterbildungen von Praktikanten und Mitarbeitern, sowohl sachlich-fachlich wie auch persönlich.[1]

TherapeutIn
gibt persönliche Lebenshilfe bzw. Seelenhilfe in schwierigen inneren und/oder äußeren Lebenssituationen und Engpässen. TherapeutIn ist hier also nicht im ärztlichen Sinne gemeint. Übrigens bedeutet Therapie ursprünglich nichts anderes als Dienst- bzw. Hilfeleistung.

TrainerIn
setzt Lernimpulse durch gezielte Referate, Spiele, Übungen usw.

SponsorIn
trägt Initiativen, Projekte, Aktionen und Entwicklungen mit und setzt sich schützend und unterstützend ein; auch das Ansehen verleiht dem Vorhaben Gewicht.

StarthelferIn
impulsiert Initiativen und Innovationen durch bspw. Einbringen von Ideen, ermutigt, bringt Vorhaben »über die Schwelle«.

ForscherIn
hilft bei der Tatsachenermittlung, Bildgestaltung, Diagnose, insbesondere durch Fragen und Ordnen. Er hinterfragt und deutet.

BegleiterIn
moderiert Prozesse des (Unter)suchens, Bearbeitens, Entscheidens usw., beziehungsweise führt und begleitet die Umsetzung von Vorhaben; man kann auch von tätiger Beratung reden, wo er als Weg- und Methodenkundiger auftritt.

Coach
hilft beim Angehen von konkreten Aufgaben, Veränderungen, Problemen im Arbeits- und Berufsleben, in der sachliche, menschlich-soziale und konzeptive Aspekte verwoben sind.

Wirksame Hilfeleistung ist ganzheitlich

Für jede der »Rollen« im Kreis sind bestimmte Vorgehensweisen und Interventionen besonders geeignet, schließen aber andere nicht aus. Im Erstgespräch sollte geklärt werden, ob das wesentliche Bedürfnis und Anliegen des Kunden Beratung oder Mentoring oder Coaching usw. ist. Ist dieses Bedürfnis Hilfe bei einer konkreten Aufgabe, Veränderung usw. in seiner Arbeitsorganisation, dann wird die Rolle des Hilfeleisters Coach und bleibt dies, so lange im Verlauf der gemeinsamen Arbeit nicht ein neuer Schwerpunkt vereinbart wird.

---

1 Supervision hat eine ähnliche Begriffsinflation erlitten wie Coaching. Viele Arten der Begleitung, Therapie usw. werden heute entweder als Coaching oder Supervision gesucht oder angeboten.

In dieser Rolle kann der Coach im Prinzip die Methoden und Interventionen der anderen Formen einbeziehen, wenn das im Prozess hilfreich ist – vorausgesetzt er ist dazu genügend befähigt, eventuell befugt. Methodenvielfalt ist also auch ein Merkmal von ganzheitlichem Coaching. Dazu ein Beispiel:

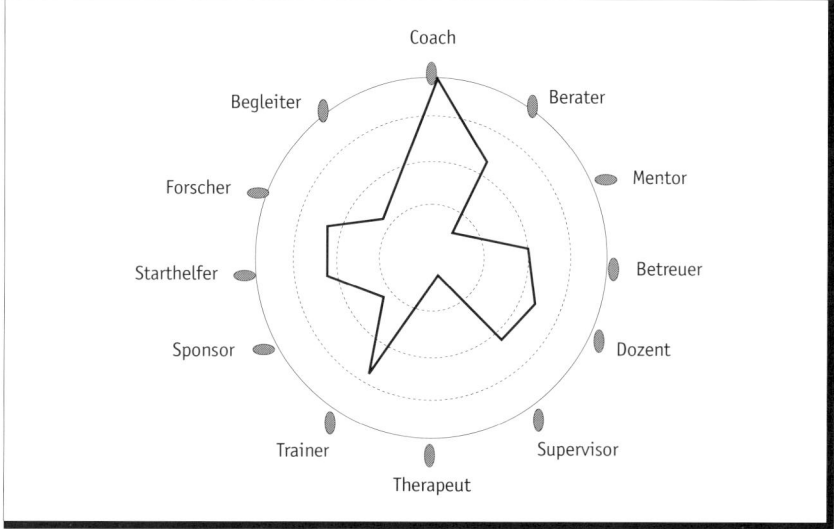

Abbildung 13: Methodenvielfalt in einem Coachingprozess
Legende: Äußerer Kreis = 50% Arbeitsanteil, Kreise nach innen jeweils 10% weniger

Beim Coaching eines Geschäftsführers war das Ziel eine gesamtbetrieblich effektive Führungsarbeit, Sicherheit zu gewinnen und soziale Kompetenz für die Führung von Führungskräften zu erarbeiten. Daraus ergaben sich anfänglich viele Fragen zur Ermittlung des Standes und ein Ideen-Antwort-Spiel beratender und begleitender Natur. Ein Gutteil der Coaching-Zeit nahm die Arbeit an praktischen Alltagssituationen, das Hinterfragen und auch das Erklären von Modellen, Konzepten und Möglichkeiten in Anspruch, teilweise wurden auch verschiedene Handlungsmöglichkeiten eingeübt. Oft wurden Beispiele, Probleme und deren praktische Lösung mittels eigener Ideen, also eher supervisorisch, bearbeitet. Nachfragen und erste fachliche Vorschläge zur Umsetzung wurden angeboten bzw. behandelt. Bei zwei internen Projekten wie Kennzahlenerstellung und neue Schulungen und Mitarbeitergespräche wurden Anlaufmöglichkeiten erörtert und auch beim nächsten Gespräch überprüft.

Wenn wir uns diese Rollen und Methoden ansehen, so sind die meisten dieser Bezeichnungen in unserem Sprachgebrauch geläufig, manche schon lange wie Berater, andere erst später eingeführt, allerdings oft in unklarer oder vermischter Bedeutung gebraucht, was zu Missverständnissen Anlass gibt.

Wie hängen die Formen der Hilfeleistung zusammen? Die Anordnung im Kreis ist nicht beliebig gewählt, sondern versucht zu zeigen, dass Formen der Hilfeleistung nicht einfach abgegrenzte, spezialisierte Tätigkeiten sind. Sie gehen kontinuierlich in angrenzende Formen über. Der Kreis bringt außerdem gemeinsame und polar ergänzende Merkmale ins Bild, und zwar wie folgt:

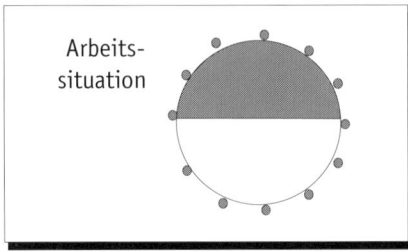

Abbildung 14a: Rollen bzw. Methoden für konkrete Situationen

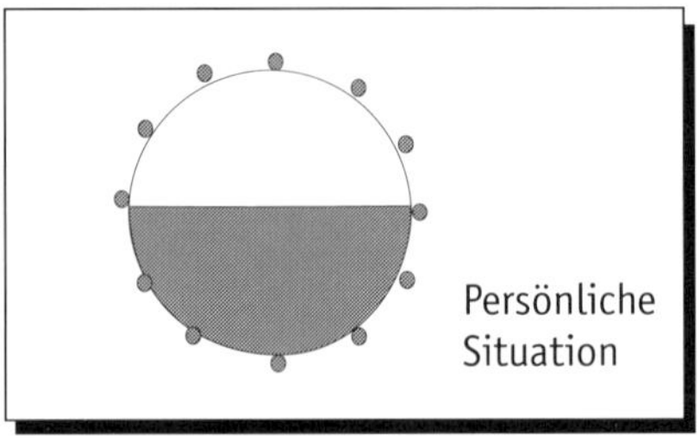

Abbildung 14b: Rollen bzw. Methoden für persönliche Situationen

Die obere Hälfte zeigt Hilfeleistungen bei Aufgaben und Problemen in konkreten Situationen des Lebens, des Lernens und der Arbeit und wie diese anzugehen und zu bewältigen sind. In der unteren Hälfte sind jene Rollen und Methoden aufgeführt, die Unterstützung für die (Entwicklung) der Person für Aufgaben in möglichen zukünftigen Situationen bieten. Sie beschäftigen sich mit den Voraussetzungen, Grundlagen und Fähigkeiten dafür.

Die oberen Formen richten sich also primär auf den »handelnden« Menschen, die Formen der unteren Hälfte mehr auf den »sich entwickelnden« Menschen – anders gesagt: auf Leistung bzw. Leistungsfähigkeit. Am meisten trifft dies für Coaching bzw. Therapie zu. Bei den Übergangsformen, d.h. Betreuung und Starthilfe findet beides statt: situations- und personenbezogene Hilfe.

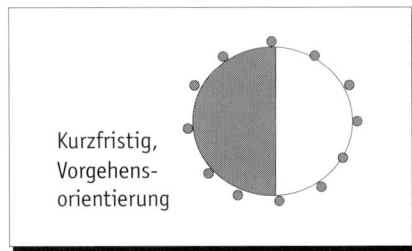

Abbildung 15a: Prozesshilfe

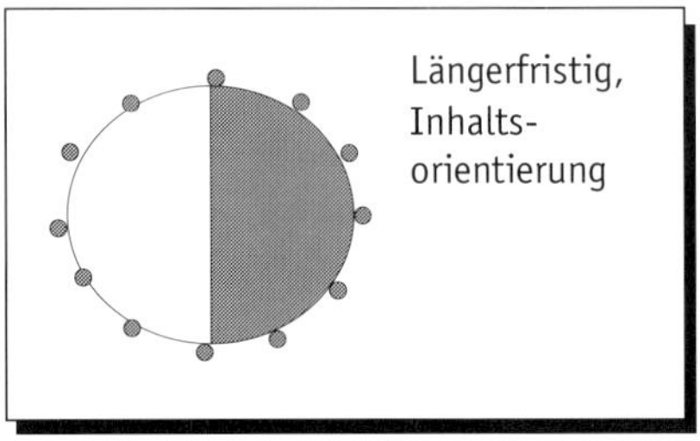

Abbildung 15b: Inhaltsbezug

Die rechte Seite zeigt die inhaltliche Hilfe auf, die mittels Information, Sach- und Fachwissen, Können u.a.m. geleistet wird. Die linke Seite bezieht sich auf Prozesshilfe und methodische Unterstützung.

Die Interventionsformen der rechten Seite sind auf eine eher längerdauernde und aktive Rolle des Helfers angewiesen. Die der linken Seite sind eher kurzfristig und setzen voraus, dass der Kunde oder Klient im Prozess mehr selbständig und initiativ ist. Ausgesprochen ist das der Fall bei der Betreuung und Starthilfe. Coaching und Therapie können sowohl kurz- wie langandauernd sein und erfordern beiderseits Aktivität und darum ein partnerschaftliches Rollenverständnis.

Die einzelnen einander gegenüberliegenden Rollen bilden eine sich ergänzende Polarität, die sich z.B. wie folgt beschreiben lässt (beide Geschlechter sind dabei gemeint).

- Der *Berater* hilft, seine zu Erkenntnis verdichtete Erfahrung für die konkrete Situation des Kunden fruchtbar zu machen.

- Der *Trainer* bringt den Kunden in konkrete (Lern-)Situationen, in denen dieser durch Erfahrung lernen kann.

- Der *Mentor* hilft seinem Kunden, sich in einer für ihn neu bestehenden Situation zu orientieren.

- Der *Sponsor* gibt Orientierung und Unterstützung für das Schaffen einer zukünftigen Situation.

- Der *Betreuer* steht dem Kunden bei einer umfänglichen Aufgabe mit seinem Wissen und Erfahrung zur Seite.

- Der *Starthelfer* ermöglicht dem Kunden, für sein Vorhaben die geeignete Startposition zu finden.

- Der *Dozent* vermittelt vorhandenes Wissen, das der Kunde in zukünftigen Situationen anwenden kann.

- Der *Forscher* ermöglicht Erfahrungswissen durch Untersuchen vorhandener Situationen.

- Der *Supervisor* hilft, das Wissen des Kunden mit den praktischen Erfahrungen zu verbinden und konkret werden zu lassen (von Theorie zur Praxis).

- Der *Begleiter* ermöglicht die konkrete Erfahrung des Kunden durch methodische Hilfe zu ordnen und zu konzeptualisieren (von der Praxis zur Theorie).

- Der *Therapeut* hilft die Probleme des Kunden, die primär aus seiner Person hervorgehen, zu lösen.

- Der *Coach* hilft die Probleme des Kunden, die primär aus seiner Situation hervorgehen, zu lösen.

1.8 Zusammenfassung

Coaching ist vielerorts zu einem Modewort geworden. Es muss für vieles herhalten, das mit professionellem Coaching wenig gemein hat. Letzteres kann – und ist es oft – eine sehr effektive Hilfeleistung sein, sowohl für die Person als die Organisation. Die wichtigsten Voraussetzungen für eine gute Arbeitsqualität und Erfolg eines Coaching sind unserer Erfahrung nach die folgenden:

Seitens des Kunden (und seiner Organisation):

- Vertrauen in den Menschen »Coach« und in seine Fähigkeiten
- Lern- und Entwicklungsbereitschaft, sich selbst auch in Frage stellen können
- Bereitschaft zu aktivem Üben, Probieren, Anwenden statt warten, dass »es die anderen tun«
- Unterstützung bzw. mindestens kein Widerstand gegen Coaching und die daraus resultierenden Veränderungen durch Vorgesetzte bzw. Kollegen des Gecoachten.

Seitens des Coach:

- Persönliche Reife, Lebens- und Arbeitserfahrung
- Interesse für die unterschiedlichsten konkreten Lebens- und Arbeitssituationen von Kunden
- Entwickelte Coachingfähigkeiten (siehe Kompetenzfelder)
- Klare Vereinbarungen
- Zusammenhänge zwischen Coaching-Thema, dem Menschen und seinem Beziehungs- und Sachumfeld beachten und klären

Und in der Beziehung:

- Gegenseitige Akzeptanz, klares Verhältnis: keine Doppelrollen, Widersprüche oder Undurchsichtiges.

2. Der Coaching-Prozess

Die Phasen und ihre praktische Umsetzung

Werner Vogelauer

Ich nutze in meiner Coaching-Arbeit im umfassenden Sinne einen fünfphasigen Ablauf. Dieser ist nicht ident mit den Einzelgesprächen mit dem Coaching-Kunden. Jedes Gespräch selbst unterteilt sich sinnvollerweise in mehrere Abschnitte, die nicht rigide gehandhabt werden, jedoch eine überschaubare Struktur auch für den Coaching-Kunden ergeben. Die fünf Phasen ergaben sich aus den zentralen Themen des Coachingprozesses:

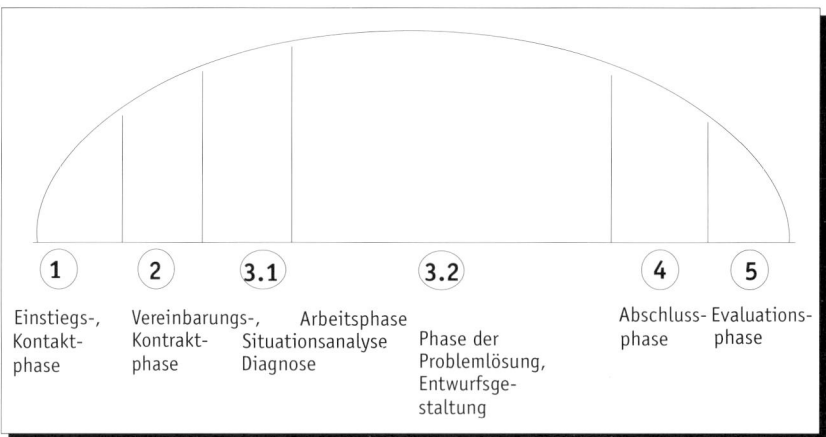

Abbildung 1: Die fünf Phasen des Coaching

2.1 Einstiegs- und Kontakt-Phase

Der Coaching-Kunde kommt mit seinem Anliegen über einen Dritten oder direkt auf den Coach zu bzw. wird vermittelt oder über ein Zusammentref-fen der beiden ergibt sich zufällig das Thema, und es wird ein Einstiegsgespräch zum Coaching daraus.

Ein Beispiel:

Vor einiger Zeit rief mich eine Führungskraft an, er habe gehört, dass ich Coach bin und Coaching mache. Nun möchte er von mir wissen, ob das für ihn geeignet sei. Ich erzählte ihm kurz, was Coaching für mich ist und was man bspw. machen und erreichen könne. Wir verabredeten uns zu einem kurzen persönlichen Gespräch, um einander kennenzulernen, die Ausgangssituation und gewünschte Ergebnisse zu besprechen, vielleicht auch über Ablauf, Art und Zeitdauer des Coaching zu reden. Ich legte ihm auch jene Unterlage im allgemeinen Zustand vor, die ich nach Spezifizierung mit dem jeweiligen Coaching-Kunden als schriftliche Vereinbarung für beide Seiten verwende. Dabei besprachen wir die eine oder andere Unklarheit. Wir sprachen auch über zeitliche Möglichkeiten, Finanzen, Ort der Gespräche und wichtige Inhalte.

Dieses Gespräch dauerte etwa eine Stunde. Ich halte dies als wichtige beidseitige unverbindliche und freibleibende Möglichkeit, auch auszusteigen und das Coaching nicht zu beginnen. Meist biete ich noch etwa eine Woche Überlegungszeit nach dem Vertragserhalt an, um sicher zu gehen, dass der Coaching-Kunde von seinem Vorhaben auch wirklich überzeugt ist.

Die wichtigsten Aspekte für den Coaching-Kunden sind:

- Vertrauen
- Gefühl der Kompetenz des Coach
- ein Problem, eine Frage, die selbst nicht lösbar erscheint
- Gefühl des Aufgehobenseins
- Akzeptanz der eigenen Person mit allen Schwierigkeiten bzw. Themen
- effektives Vorgehen
- Erfahrungen mit dem Coach (auch in anderen Zusammenhängen) bzw. Empfehlungen wichtiger nahestehender Personen

Für den Coach ist in dieser Phase wichtig:

- wechselseitige Sympathie und Akzeptanz
- Offenheit und Bereitschaft, sich auf eine Phase mehrerer Gespräche einzulassen
- das Thema ist nach erstem Ermessen für Coaching geeignet
- Kunden-Engagement für sein Thema (und nicht Abwälzen auf den Coach)

Zu einer optimalen Einstiegssituation ins Coaching gehören das Beschreiben der Situation durch den Coaching-Kunden und Aufnehmen der Anliegen durch den Coach, weiters zuhören, klären, hinterfragen und präzisieren. Orientieren, was Coaching in diesem Falle leisten kann und Hinweise auf voraussichtliche Zeitdauer, Art des Vorgehens, der Methoden usw., eventuell mögliche Treffpunkte, Honorar.

Das »4 P-Konzept« ist nach meiner Erfahrung gerade zu Beginn hilfreich, um als Coach auf Kernfaktoren zu achten, seine Interventionen danach zu setzen bzw. bei Aussagen des potentiellen Kunden diese Bereiche wie als inneren Radarschirm zur Verfügung zu haben.

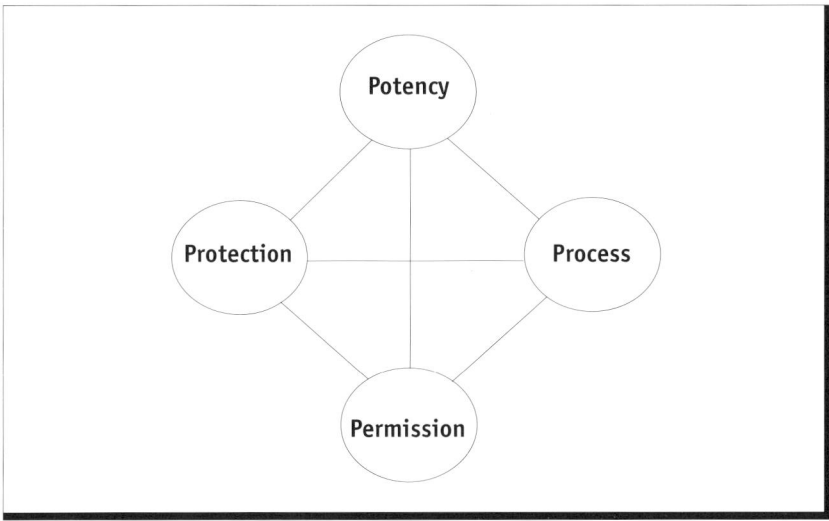

Abbildung 2: Das 4 P-Konzept

»Process« steht dabei für Beachten des Ablaufs, **»Protection«** meint Schutz für den Kunden und Sicherheit für die Gespräche geben, **»Potency«** enthält die Fähigkeit und Fertigkeit des Coach, seine Kenntnisse und sein Know-how passend zum Wohle des Klienten und des Zieles einzusetzen und **»Permission«** meint, dass der Coachee Themen anspricht und nicht zurückhält und dem Coach Vertrauen entgegenbringt.

2.2 Vereinbarungs- und Kontrakt-Phase

Wenn der Klient nach dieser Orientierungsphase konkret ins Coaching einsteigen will, dann kann entweder in einem weiteren Gespräch oder gleich im Anschluss an die Kontakt-Phase die detaillierte Vereinbarung über das anstehende Coaching beginnen.

Das Beispiel von vorhin:
Schon am Ende des Gesprächs war klar, dass mein Gegenüber gerne sein Problem mit mir als Coach bearbeiten möchte. Ich notierte alle wichtigen Aspekte, formulierte daraus unsere Vereinbarung und schickte sie ihm. Die Rücksendung war dann

die Bestätigung. Der erste Termin und die wahrscheinliche Zeitdauer wurden vereinbart.

In dieser Phase ist für den Kunden aus den vielen Gesprächen bzw. Rückmeldungen bedeutsam:

- klare Vereinbarungen und Anhaltspunkte sowie die Freiheit, eventuell frühzeitig abzuschließen

- sich mit seinen Problemsituationen bzw. Zielvorstellungen angenommen zu fühlen

- ein Bild des Vorgehens und der Zuständigkeiten zu haben

Aus der Sicht des Coach ist wichtig:

- Schriftlichkeit der Ausgangssituation bzw. der Zielvorstellungen

- eine Planung vornehmen können

- wissen, woran jeder bei der Ortsvereinbarung, bei Absage bzw. Verschiebung, bei Abrechnung und Bezahlung ist

- die Rahmenbedingungen des Coaching wie die Einflüsse bzw. Behinderungen kennen und Möglichkeiten sehen, die dem Coaching-Kunden unterstützen können

- Verständnis für die Problemsituation bzw. Ziel

- Realistische Einschätzung der eigenen Coach-Fähigkeiten zur Bearbeitung des Falles

2.3 Arbeits-Phase

2.3.1 Arbeit an Situationsanalyse und Diagnose

Beginnen wir wieder mit unserem Beispiel:

Im ersten ausführlichen Gespräch begannen wir nach einer kurzen Einstimmung an der Problemstellung – bspw. besseres Auftreten in großen Runden, verständliche Erklärungen – zu arbeiten. Zuerst mit Fragen, was sein Problem dabei sei und was ihn darin hindere, seine Aufgaben zu erfüllen. Ein paar kleine Tests, um Hintergründe auszuleuchten, wurden von mir benutzt. Und bereits beim ersten Gespräch versuchten wir ein paar Punkte herauszuarbeiten, die bei nächster Gelegenheit umgesetzt werden könnten. Erste Erfolgserlebnisse waren daher absehbar. Aus der Mehrzahl der Ideen und Möglichkeiten wählte der Coaching-Kunde ein paar für ihn gut zu verwirklichende aus. Damit schlossen wir das Diagnosegespräch.

Mit der Ausgangssituation beginnend, wird im Gespräch eine genauere Analyse der Situation gemeinsam durchgeführt. Die Diagnose ist ein immer wieder angewandtes Prozesselement. Sie wird in diesem Gespräch nicht endgültig abgeschlossen. Später werden noch vertiefende Fragen hinzugefügt. Damit wird Schritt für Schritt ein Durchblick für den Kunden selbst möglich. Alle Ergebnisse sind Angebote und mögliche Sichtweisen, nicht die Wahrheit an sich! Erste Erkenntnisse, Handlungen o.ä. können erfolgen. In dieser Phase steht die Bildgestaltung und Erkenntnis im Mittelpunkt, das kann eine »breitere« oder »tiefere« Sichtweise zum Thema sein, es kann sich auch um eine Fokussierung eines noch diffusen Themas handeln.

Für den Kunden hat hier Bedeutung:

- Vertraulichkeit, besonders was persönliche und Firmendaten angeht
- Verständnis und Verstehen seitens des Coach
- Gewinnen von Klarheit bzw. neuen Perspektiven durch die Diagnose
- Orientierung bekommen, wo es langgehen kann
- Hilfe und »Schutz« beim »Hinter die Fassaden« Schauen bzw. blinde Flecken entdecken
- Unterstützung spüren bzw. sich einlassen können und Kompetenz erleben
- Nähe und Kontakt
- den roten Faden halten, dran bleiben an der Thematik (nicht stur, sondern im Bewusstsein halten, nichts anderes deswegen liegen lassen)

Wichtig für den Coach:

- Vielfalt und Flexibilität an Methoden und Vorgehensweisen zur Diagnose
- Interesse und Neugierde wecken beim Coaching-Kunden
- Offenheit des Klienten
- Interesse des Klienten, mehr über die Situation, über sich und die Zusammenhänge zu erfahren
- Verständnis für die Situation des zu Coachenden
- Gemeinsames Bild der zu bearbeitenden Situation in der Breite/Tiefe
- Linie halten (und sich nicht einschläfern oder ablenken lassen)
- Flexibilität einsetzen (wo es um wichtige Punkte oder neue Kernaspekte geht)

Aus unserer Erfahrung setzen wir hier folgende Methoden und Instrumente ein:

- Befragung: Von der offenen Frage über nondirektive Fragetechnik bis zur zirkulären Fragestellung
- Fragebogen verschiedenster Art (je nach Ziel und Thema)
- Bildbeschreibungen und »geistige Landkarten« zeichnen psychosoziale Muster zu Situationsbeschreibungen wie Abwertung, Passivität, Antreiber, Psychospiele u.a.m.
- Soziogramm, gezeichnet wie gestellt
- Lernstil und -typ
- Situationsanalyse-Konzept (als erster Teil des Problemlösungsprozesses)

2.3.2 Arbeit an Problemlösung und Entwurfsgestaltung

Diese Phase ist in allen Coachingprozessen zumeist die zeitlich längste. Sie unterteilt sich in mehrere Gespräche, je nach Problem- und Zielsituation. Die Etappen eines einzelnen Coachinggesprächs können wie folgt beschrieben werden:.

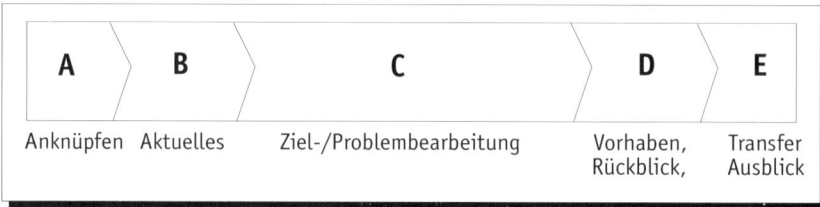

Abbildung 3: Die Etappen eines einzelnen Coachinggesprächs

Unser Beispiel von vorhin:

Nach der Begrüßung stellte ich die Frage, wie es ihm mit den ersten Erfahrungen bzw. Anwendungen ergangen sei. Er berichtete erfreut über erste erfolgreiche Schritte jemanden zu sagen, dass es so nicht mehr weitergehen könne, was er zuvor lange unterdrückte. Ihn überraschte die positive Reaktion des Gegenüber etwas. Es kamen auch Dinge zur Sprache, die nicht umgesetzt wurden, und wir arbeiteten die Gründe heraus bzw. wie damit weiter umgegangen werden könne.

»Was läuft derzeit?« war eine Einstiegsfrage, um Aktuelles zu erfassen, das den Coaching-Kunden derzeit beschäftigte. Er begann einige Punkte aufzuzählen. Es war diesmal kein wesentliches Thema erkennbar, das es wert gewesen wäre, näher darauf einzugehen bzw. welches unser Coaching-Thema direkt berührte.

Dann stiegen wir in die vereinbarten Punkte für diesmal ein. Schon während der Bearbeitung stellte ich die Frage, was in welcher Form bzw. ab wann oder bis wann geschehen könne. Wir sammelten so im Laufe des Gesprächs die wichtigsten Punkte zur Anwendung.

Im abschließenden Teil lud ich den Coaching-Kunden ein, einerseits zusammenzufassen, was er diesmal mitnahm und in welcher Form er sich die Umsetzung in seinen Arbeitsalltag vorstellen könne. Wir ließen dann unser diesmaliges Gespräch Revue passieren, um zu schauen, was für ihn wichtig bzw. weniger wichtig war, wo er positive Anker und Energien gefunden bzw. wo er Probleme hatte. Weiters orientierten wir uns auf das nächste Mal mit Termin und Ort, aber auch an möglichen Kernpunkten im kontinuierlichen Prozess.

A. Anknüpfen

Umsetzungsergebnisse, Erfahrungen mit »Hausaufgaben« oder negative Erlebnisse zu den Vorhaben vom letzten Mal.

Aus unserer Sicht häufig verwendete Fragen:

- Was haben Sie erfolgreich umgesetzt?

- Welche positiven Erfahrungen sind damit verbunden? Wie geht es mit dem Vorhaben vom letzten Mal weiter?

- Wenn nicht erfolgreich, was waren die Hauptwiderstände bzw. -gründe des Nicht-Umsetzens? Wie geht es damit weiter? Welche anderen Maßnahmen, Verhaltensweisen sind notwendig, um erfolgreich zu sein?

- Wen haben Sie als Verbündeten zur Unterstützung im Alltag bzw. wer kann sie besonders durch welches Verhalten bzw. welche Art behindern? usw.

B. Aktuelles

Aktuelle Ereignisse, die ins Thema hineinspielen oder die sonstwie den Coaching-Kunden beschäftigen. Oft genügt hier eine Einstiegsfrage wie »Was beschäftigt sie derzeit besonders?« oder »Welche neuen Gesichtspunkte, Einflüsse, Probleme oder Vorteile sind zu unserem Thema neu aufgetaucht?«

Dieser Teil scheint mir wesentlich, da Energien für die Coachingarbeit blockiert sein können. Manchmal gibt es ad-hoc-Situationen, die den Kunden massiv beschäftigen, stören, ärgern und die mit dem Coaching nichts zu tun haben. Auch sehr erfreuliche Dinge können dies sein. Das bewusste Umgehen, Einbeziehen der momentanen Gestimmtheit hilft Energien sichtbar und gestaltbar machen.

C. Ziel-, Problembearbeitung

Neues »altes« Thema, das vereinbart wurde bzw. aktuell vom Kunden im Rahmen seines Vorhabens angesprochen bzw. vom Coach aus der seinerzeit vereinbarten Themenpalette neu angeboten und vom Kunden ausgewählt wird.

Hier setzen zumeist alle diagnostischen Formen wieder ein, soweit sie nicht von vorherigen Gesprächen mit Material gefüllt sind. Wir verwenden in dieser Gesprächsepisode zusammenhängende Fragenkonzepte bzw. Landkarten:

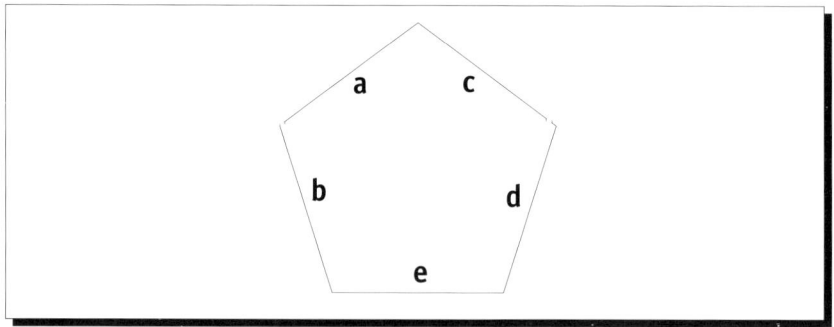

Abbildung 4: Pentagon der Fragendimensionen

a) Ausgangssituation
Wo stehen Sie heute zum Thema? Was gehört alles zur Situation aus Ihrer Sicht? Wer ist aller beteiligt? Welche Zusammenhänge gibt es? Beschreiben Sie in wenigen Sätzen Ihre Ausgangssituation.

b) Problembeschreibung
Was ist Ihr Problem? Was stört Sie persönlich? Was möchten Sie gerne ändern und warum? Sammeln wir gemeinsam, was Ihnen alles zu Ursachen und Hintergründen einfällt und warum das Problem ein Problem ist.

c) Zielorientierung
Wohin soll es führen, wenn es gelöst ist? Wie schaut die Situation aus, wenn Sie in Zukunft gelöst ist? Was ist dann anders? Wenn wir mit verschiedenen Verfahren bspw. drei wichtige Alternativen für die Zielerreichung herausgearbeitet haben, wie kommen wir zu einer klaren Entscheidung und Handlung?

d) Hindernisse
Was steht Ihnen im Wege, um zum genannten Ziel zu kommen? Was war an den bisherigen Versuchen die nicht überwundene Hürde? Was ist besonders schwer, was ein besonders leichtes Hindernis? Und wenn wir die Ideen anschauen: Welche Widerstände könnten gegen die Umsetzung sprechen? Was müssten Sie tun, damit die Widerstände kleiner werden oder gar verschwinden?

e) Bisherige Versuche
Was haben Sie dazu schon unternommen? Mit welchen Erfolgen bzw. Misserfolgen?

Ein weiteres Modell, das ich häufig auch in Coachings einsetze, sind die folgenden im Uhrzeigersinn gestellten Fragen:

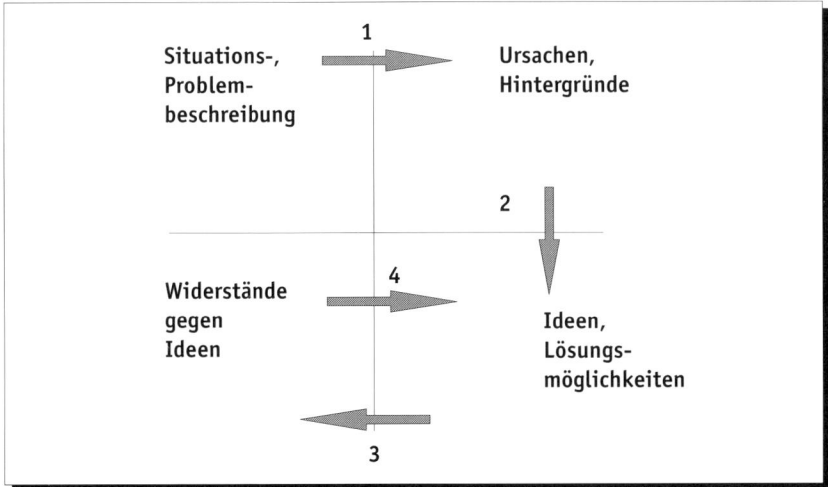

Abbildung 5: Arbeitsmodell Problem – Ursache – Idee – Widerstand

Weiters können auch Konzepte, Modelle eingeflochten und bearbeitet werden, seien es innerhalb des Menschen befindliche (intrapsychische), zwischen den Menschen befindliche (interpsychische) oder strukturelle Themen.

Dabei verwende ich gerne folgenden Orientierungsraster, einerseits um die Problembeschreibung gemeinsam zuordnen zu können, andererseits um dadurch die richtige Interventionsebene zu treffen:

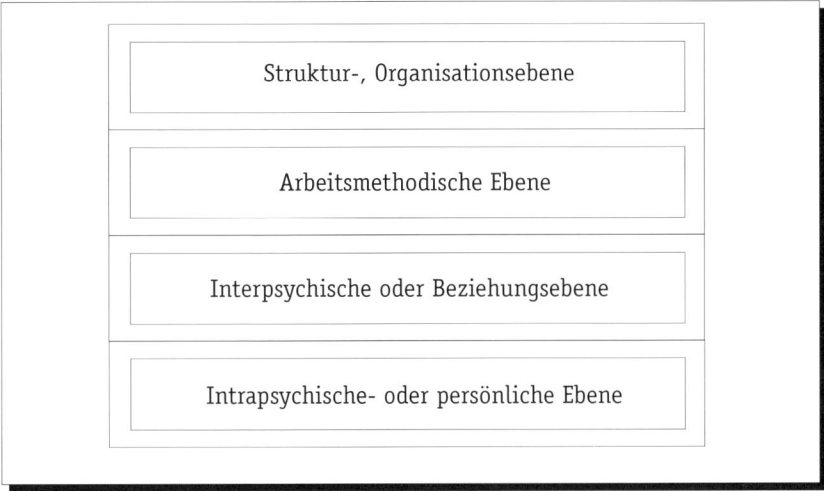

Abbildung 6: Diagnose- und Interventionsebenen

In dieser Arbeitsphase können inhaltliche Schwerpunkte für den zu Coachenden gesetzt werden (nach *Hans von Sassen*):

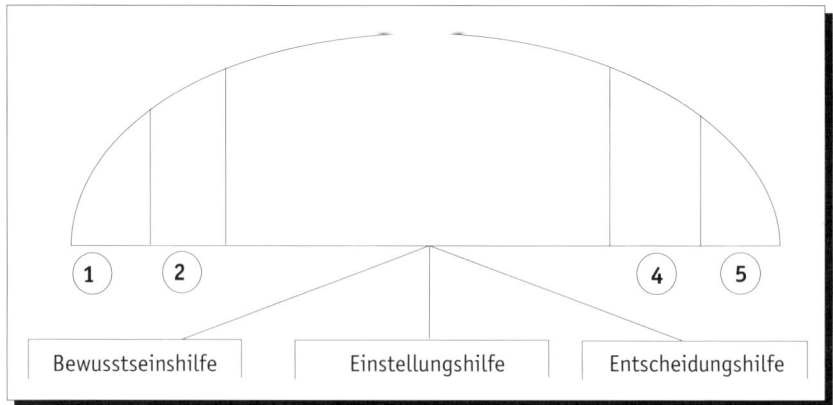

Abbildung 7: Schwerpunkte in der Arbeitsphase

Bewusstseinshilfe

Manchmal sind die Fragen bzw. Probleme des Kunden darauf gerichtet, in der Situation innerlich wie äußerlich bewusster zu werden. Hier können Bildgestaltung sowie Ein- bzw. Übersichten ausreichend sein, um weitere Schritte zu besprechen und Ergebnisse zu erzielen.

Einstellungshilfe

In manchen Coachingprozessen stellt sich der zu Coachende die Frage, wie er sich zur besprochenen Situation überhaupt stellen soll oder wie er Vertrauen und Sicherheit bzw. Unterstützung für Vorhaben gewinnt, aber auch wie er Zweifel, Unmut, Angst usw. abbaut. In derartigen Berufssituationen, wo typischerweise die Person mit ihren inneren Zuständen in ihre Berufsrolle hineinspielt, braucht es mehr intrapsychische Überlegungen zur Coaching-Arbeit.

Entscheidungshilfe

In vielen Managementfällen im Coaching geht es um die Klarheit von Entscheidungen, worauf bei Entscheidungen zu schauen ist, ob »alles« wirklich berücksichtigt wurde, ob man mit der Entscheidung »richtig« liegt usw. (ein eigener Beitrag von Hans von Sassen beschäftigt sich mit Coaching als Problemlösungs- und Entscheidungshilfe).

D. Vorhaben, Transfer

Handlungsaufgaben, Ergebnisse aus diesem Gespräch, die umgesetzt werden können.

Nach der mittleren Gesprächsepisode C, wo in Abwechslung diagnostische Elemente mit Ideen und Alternativen behandelt werden, kommt es nun zu einer Präzisierung und Zusammenfassung der im Laufe des Gesprächs erarbeiteten Maßnahmen (verhaltensmäßig, beziehungsmäßig, arbeitsmethodisch oder strukturell).

Der Kunde wird ermutigt, diese Vorhaben konkret zu formulieren, dieses sich eventuell bildlich vorzustellen. Es wird mit ihm vereinbart, über Erfahrungen und Erfolge dazu, beim nächsten Meeting zu reden (siehe Ankoppelungspunkt A).

E. Rückblick und Ausblick

Die Abrundung, mit Vorwärtsorientierung, aber auch Blick in das Geschehene in den abgelaufenen Gesprächen:

Emotional und sachlich positiv wirkt, wenn zum Abschluss des Coachinggesprächs Rückschau gehalten wird:

- »Was war besonders wichtig?« oder

- »Was war hilfreich?« oder

- »Was Neues/anderes wurde entdeckt?« u. ä. m.

Es könnte in der Zusammenfassung vielleicht noch auftauchen, dass ein wichtiger Punkt fallen gelassen, beiseite gestellt wurde oder jetzt nicht mehr wichtig ist. Das auszusprechen und Schritte für »Nicht-Vergessen« zu vereinbaren, kann nicht nur sinnvoll, sondern in Anbetracht von Vertraulichkeit, Klarheit, roten Faden und Linie halten bedeutend sein.

Weiters kann ein vorweggenommener Blick auf das nächste Coachinggespräch Schwerpunkte verdeutlichen. Vielleicht macht es Sinn, Beobachtungen durch den Kunden zu machen, oder es sind Unterlagen mitzubringen, um daran arbeiten zu können. Diese Tätigkeiten sollten nicht verschoben werden oder unnötige Wartezeit sollte nicht in Kauf genommen werden. Es kann auch eine präzisere Zielsetzung aus der bisherigen Arbeit entstehen oder sogar eine Veränderung des Zieles sich ergeben. Alles das hilft beiden – Coaching-Kunde wie Coach – sich in Ruhe auf das nächste Mal einzustellen.

Das ruhige Gespräch, sich Zeit nehmen füreinander und das bewusste sich Auseinandersetzen mit Themen schafft speziell beim Kunden eine Stressreduktion mehr Ideen und Konzentration. Dadurch ist ein höherer Erfolg für die Problembearbeitung sicher als unter Stress- und Ablenkungs-Bedingungen.

Das kann auch heißen, dass als Ort des Coaching möglicherweise nicht das Büro des Kunden der geeignete Ort ist. Besser sind schon ruhige, angenehme Besprechungsräume, vielleicht das Büro des Coach oder sogar ganz ausgefallene »Orte« wie Spaziergänge oder Wanderungen. Manchmal kann es sehr wirksam sein, sich Lösungen zu »ergehen«.

2.4 Abschluss-Phase, Feedback und Ausblicke

Ist der Coachingprozess erfolgreich in die Zielgerade eingebogen, und sind die Ziele erreicht, Probleme bearbeitet bzw. Lösungen geschafft, dann ist es zweckmäßig für beide Partner im Coachingprozess zurückzublicken und damit Abschied zu nehmen, aber auch nach vorne zu blicken und die neuen Fähigkeiten, Fertigkeiten und Muster zu festigen und zu verstärken.

Wichtig für den Coaching-Kunden:

- Umgesetztes mit Erfolg erleben
- Unterstützt worden sein
- Emotionale Begleitung, nicht alleine gelassen worden zu sein
- Gutes Gefühl der Verbesserung, Veränderung
- Etwas gelernt zu haben
- Aktive/anregende Gesprächs-Atmosphäre
- Gefordert worden zu sein

Wichtig für den Coach:

- Offen rückblicken zu können
- Gutes Gefühl der wirkungsvollen Arbeit
- Ernten dürfen/können
- Partnerschaftliche und direkte Gesprächs-Atmosphäre

Dazu können Fragen gehören wie:

- Welche Dinge schließen Sie ab? Welche Dinge lassen Sie offen?
- Welche eingegangenen Verbindlichkeiten haben wir in unserem Prozess gelöst?
- Wie sind wir miteinander umgegangen? Was haben Sie daraus gelernt bzw. erfahren?
- Was haben Sie profitiert? Was war schwierig für Sie?
- Was werden Sie weiter tun, was weglassen in Zukunft?

Ein schöner Abschluss kann auch ein vereinbartes Ritual sein wie bspw. ein gemeinsames Essen oder ein gemeinsamer Spaziergang oder wieder am ersten vertrauten Ort sich zu treffen. Das Ende soll dem Coachingprozess angemessen sein, nicht pompös, aber auch nicht wegwerfend oder gar nicht. Eine Beziehung, die doch im Laufe von Stunden, Wochen, Monaten gewachsen ist und viel an persönlichen Dingen gebracht hat, sollte ernst genommen und verabschiedet werden. Dabei kann man schon am Anfang der Coaching-Beziehung denken und am besten ein eigenes Abschlussgespräch, das 4 bis 6 Wochen nach dem letzten Arbeits-Gespräch liegt, noch anberaumen.

Dabei kann nochmals das letzte Umgesetzte behandelt werden und auch wichtige Schritte der Selbstverantwortlichkeit und Eigenaktivität des Coaching-Kunden besprochen werden.

2.5 Evaluations-Phase

In Anbetracht der Selbständigkeit des zu Coachenden und der nun abgeschlossenen Lern- und Veränderungsarbeit geht es an die Transferierung und Implementierung in das Arbeitsfeld. Wenn der Coaching-Kunde interessiert ist, kann auf telefonischer Basis oder bei einem ohnehin erfolgenden Treffen ein kurzes Gespräch über die Anwendung geführt werden. Eine gemeinsame Überprüfung der Erfolge, möglicher Schwierigkeiten usw. kann nochmals Impuls für die weitere selbstständige Arbeit des Coachee sein. Diese Art des Kontaktes soll nicht gleich wieder zu Coaching oder einem »ad-hoc-Beratungsgespräch« werden, sondern eine freiwillige Erfolgsüberprüfung! Dieses mögliche Gespräch sollte erst in einem Mindestabstand von 3 Monaten stattfinden. Nach einer Zeit des Abstands ist ein weiteres Coaching nicht ausgeschlossen, jedoch sollten aus meiner Erfahrung mindestens 6, besser 12 Monate verstreichen.

3. Persönlichkeitsentwicklung im Coaching

Elfriede Biehal-Heimburger

In einer Zeit rasanter Veränderungen steht die Stärkung und Entwicklung der eigenen Persönlichkeit im Coaching im Vordergrund. Wer in dieser Zeit seinen innersten Kern nicht stabilisiert, keine Ich-Stärke entwickelt, steht in der Gefahr aufgerieben, verunsichert, krank zu werden. Ich-Stärke ist allerdings nicht zu verwechseln mit Starrheit oder gar Rücksichtslosigkeit anderen gegenüber. Ich-Stärke setzt voraus, scheinbar widersprüchliche Fähigkeiten in Einklang zu bringen:

- einerseits beweglich sein im Denken und Handeln, andererseits zuverlässig und standfest;
- einerseits schnell und sicher entscheiden können, andererseits gelassen sein mit einem weiten Zeithorizont;
- einerseits sensibel auf andere eingehen und im Team arbeiten können, andererseits über Spezialwissen verfügen und allein vertretbare Entscheidungen treffen können.

So schwer vereinbar, wie diese Anforderungen an heutige Führungskräfte zunächst klingen, sind sie allerdings nicht.

Wenn wir von einem ganzheitlichen Menschenbild, vom Zusammenwirken von Leib, Seele und Geist, ausgehen, finden wir Prinzipien und Fähigkeiten, die diese Ich-Stärke ermöglichen.

3.1 Die Tendenz zur guten Gestalt

Jeder Mensch besitzt grundsätzlich die Fähigkeit, sein eigenes Leben sinnvoll zu gestalten. In der Wahrnehmungspsychologie wurden von Gestaltpsychologen schon vor über 50 Jahren verschiedenste Gestaltgesetze gefunden. Das allen übergeordnete Gesetz ist die »Tendenz zur guten Gestalt«.

Wir erleben kein Durcheinander verschiedener optischer, akustischer, geschmacklicher, geruchlicher oder taktiler Einzelempfindungen, sondern Ordnungen, Strukturen, Gestalten. Die Tendenz zur guten Gestalt ist der tief in uns verwurzelte Drang, Gestörtes in Ordnung zu bringen und bei Unentwickeltem Geburtshelfer zu sein. Der Mensch besitzt die Fähigkeit zur Selbstorganisation, die es ihm ermöglicht, ein inneres Gleichgewicht aus eigenen Kräften herzustellen. Allerdings können innere starre Strukturen für das Herstellen dieses Gleichgewichtes hinderlich sein. Im Coaching können solche starren Verknüpfungen zwischen bestimmten Vorstellungen mit bestimmten Verhaltensweisen starke Barrieren sein, welche die Fähigkeit zur Selbstregulation einschränken.

Eine Barriere kann z.B. darin bestehen, dass jemand seine Unsicherheit nicht akzeptieren will. Im Kontakt mit dem Coach kann er sich ermutigt fühlen, die Gefühle zuzulassen, die mit der Unsicherheit verbunden sind. Die bisher abgelehnten Gefühle akzeptieren und zulassen können, hilft, die innere Starrheit langsam zu lösen und innere Barrieren zu überwinden. Der Coach schafft Bedingungen, damit diese »Tendenz zur guten Gestalt« zum Tragen kommt und gibt Anstöße, die die Fähigkeit zur Selbstregulation erhöhen. *Viktor Frankl* weist darauf hin, wie existenziell die Sinnfrage für jeden Menschen ist. In der Tendenz zur guten Gestalt ist auch die individuell zu findende »gute Gestalt« des eigenen Lebens subsumiert.

Im Arbeitsleben ist die Motivation zu verantwortlicher Arbeit nur durch das Beantworten der Sinnfrage zu erreichen. Nur wer Sinn in seiner Tätigkeit erkennt, ist fähig, verantwortungsbewusst und selbstdenkend eine Aufgabe zu erfüllen. Dieser Sinn kann nicht von außen vorgegeben werden, er muss gefunden werden und kommt aus dem Inneren des Menschen.

Führungskräfte oder MitarbeiterInnen, die keinen Sinn in ihrer Arbeit sehen, suchen nach Ersatzbefriedigungen und vergeuden viel Energie durch gegenseitiges Frustrieren und Behindern. Ersatzbefriedigungen schaffen allerdings keine wirkliche Zufriedenheit, sondern nur eine Sucht nach mehr und neuen (Ersatz)Befriedigungen. Führungskräfte stehen in Gefahr, die Frage nach dem Sinn des eigenen Lebens mit viel Arbeit zu überdecken. Der »Workaholic", ein Mensch, der sich immer und überall mit Arbeit und Beschäftigungen eindeckt, flüchtet möglicherweise vor der inneren, angstbesetzten Leere, die entstehen kann, wenn er innehält. In den kritischen Lebensphasen (rund um 21, 42, 63 Jahren) tauchen diese Sinn- und Wertefragen besonders deutlich auf. Entwicklung ist möglich, wenn sich der Mensch diesen Fragen stellt und sie niemals endgültig, sondern immer wieder neu für sich selbst beantwortet.

Ein Beispiel aus einer Coachingsitzung:

Herr A, Personalentwickler einer sozialen Institution, ist unzufrieden in seiner Position. Er erlebt sich als zu wenig einflussreich in seiner Stabstelle. Eigentlich sollte er im Vorstand mitarbeiten und in einem Fusionsbeirat, der den Zusammenschluss von zwei Betrieben seiner Branche begleitet. Dies würde aber sehr viel Zeit in vielen

Sitzungen beanspruchen. Mit zwei kleinen Kindern Zuhause will er seine 70%ige Arbeitsverpflichtung nicht erhöhen. Nach dem Abwägen aller Für und Wider entscheidet er sich erleichtert für seine derzeitige Funktion. Aus einem diffusen »ich sollte, ich könnte« ist eine klare Entscheidung geworden. Er will in seinem Bereich ein Projekt starten, in dem neue Arbeitszeit- und Leistungsmodelle erprobt werden sollen, als Gegenstrategie zur Vorgabe, Personal einzusparen. Er kann seine Qualitäten in einem ihm bekannten Bereich einsetzen, kennt seine MitstreiterInnen und kann durch Delegieren seine Arbeitsstunden einigermaßen unter Kontrolle halten zugunsten seiner Familie. Herrn A ist klar geworden, was für ihn in der jetzigen Situation Sinn macht, was für ihn eine »gute Gestalt« ist.

3.2 Wahrnehmen lernen

Die inneren Kräfte der Selbstregulation können nur wirksam werden, wenn ich mich selbst wie auch meine Umwelt möglichst unverzerrt wahrnehme. Die Wahrnehmung steht zwischen dem, was ich wahrnehme, und einem selbst, genauer dem eigenen wahrnehmenden Organismus. Die Gefahr für Missverständnisse besteht darin, dass ich das Wahrgenommene gleichsetze mit der Wirklichkeit, also so tue, als ob ich objektiv wahrnehmen kann. Wahrnehmung ist aber immer subjektiv, d.h. abhängig vom wahrnehmenden Subjekt.

Gerade bei der Wahrnehmung können wir die Tendenz zur guten Gestalt leicht erkennen: So erscheinen uns wahrgenommene Gegenstände konstant, auch wenn sie uns unter veränderten Wahrnehmungsbedingungen begegnen. Dadurch bleibt der Eindruck von Konstanz und Kontinuität in unserem Erleben gewahrt. Ein anderes Beispiel sind die optischen Täuschungen: Die Müller-Lyer'sche Täuschung oder die Ebbinghaus'sche Kreistäuschung zeigen, wie Wahrnehmung von dem gesamten Bild beeinflusst wird.

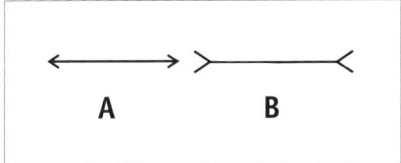 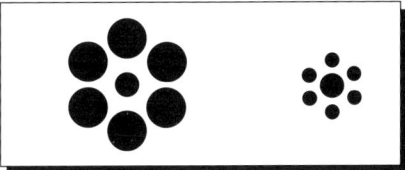

Abbildung 1: Müller-Lyer'sche Täuschung: Die Linie A und B sind gleich lang. (Quelle: *Klaus Antons*, [1974], 48)

Abbildung 2: Ebbinghaus'sche Kreistäuschung: Die Innenkreise sind gleich groß.

Wir tendieren dazu, das Wahrgenommene so zu verändern, so zu interpretieren, dass es für uns ein passendes, sinnvolles Ganzes ergibt. Diese Interpretation hängt zusammen mit unseren früheren Erfahrungen und unserer Tendenz, komplexe Dinge zu vereinfachen. Unsere Wahrnehmung wird zudem von unseren Gefühlen und Gedanken beeinflusst. Begreifen wir diese nur unvollständig erwähnten Aspekte der Wahrnehmung, wird vielleicht deutlich, wie wichtig es ist, unserer Wahrnehmung gegenüber kritisch zu sein. Zum Beispiel kritisch zu hinterfragen, ob das, was der Kollege sagte, wirklich so gemeint war, wie es bei mir angekommen ist. Und nicht so zu tun, als ob das von mir (Heraus-) Gehörte das einzige und richtige Verständnis ist.

R. Cohn (1975, S.125) erläutert ihre Hilfsregel »Halte dich mit Interpretationen zurück« so: »Bestenfalls schaden sie nicht. Wenn sie richtig und taktvoll sind (zeitadäquat), zementieren sie das, was der Interpretierte weiß; wenn sie richtig, jedoch nicht zeitadäquat sind, erregen sie Abwehr und verlangsamen den Prozess.« Kritisch realistisch der inneren und äußeren Wahrnehmung gegenüber zu treten, heißt noch lange nicht, an der wahrnehmbaren Wirklichkeit grundsätzlich zu zweifeln. Von Lewin ist der Satz überliefert »Wirklich ist, was wirkt«. Er verweist darauf, von der (Aus-)Wirkung auszugehen, um der Wirklichkeit näher zu kommen.

Im Coaching wird mit gespannter Erwartung auf Entdeckungsreise gegangen. Der Coach hilft dem Klienten,
- genauer hinzusehen, z.B. auf seine Körperhaltung,
- hinzuhören, z.B. auf seine Stimme,
- sich hinzuwenden zu der ihn umgebenden und in ihm wirkenden Wirklichkeit.

Ein Beispiel aus dem Coaching:

Frau B. nimmt während einer Sitzung einen Druck in ihrer Brust wahr. Dieses Druckgefühl ist ihr unangenehm, am liebsten würde sie gar nicht darauf aufmerksam werden. Auf Nachfragen beschreibt sie den Druck näher und gibt ihm eine Stimme. Aus dem daraus entstehenden Dialog zwischen Brust und Kopf wird Frau B. deutlich, dass sie ihre Bedürfnisse nach mehr Luft, nach mehr Freiraum, nicht zulässt. Sie nimmt wahr, womit sie sich einengt und wie sie ihre körperlichen Signale bisher »überhörte«. Sie ist erstaunt darüber, dass sie sich erleichtert fühlt, nachdem sie ihre unangenehmen Gefühle wahrgenommen und nicht verdrängt hat.

Fragen, die mich mit dem Thema Wahrnehmung vertrauter machen:

1. Nach außen gewendet:

Was nehme ich jetzt im Moment wahr?
Was höre, rieche, schmecke, taste, sehe ich?
Welche Farben und Formen nehme ich wahr?
Welche Menschen nehme ich wahr?
Wie würde ich diese Menschen, möglichst ohne Interpretationen, beschreiben?

2. Nach innen gewendet:

Welche Gedanken gehen mir durch den Kopf?
Was für körperliche Empfindungen nehme ich jetzt im Moment wahr?
Was fühle ich jetzt?
Wie atme ich?

3.3 Die Perspektiven wechseln können

An den Kippbildern aus der Wahrnehmungspsychologie wird anschaulich, was es heißt, einen anderen Blickwinkel einnehmen zu können. Im Denken, Fühlen und Handeln ist es recht ähnlich. Werde ich fähig, eine vielleicht eingefahrene und verfahrene Situation unter einem neuen Blickwinkel zu sehen, kann ich ein neues Bild, eine neue Möglichkeit, eine neue Lösung erkennen.

Zum Beispiel kann dies bedeuten: Ich ver(sch)wende nicht Energie darauf, einen anderen Menschen ändern zu wollen oder ihn zu zwingen, das zu tun, was ich für richtig halte, sondern ich gehe einmal von einer Nicht-Veränderbarkeit des anderen aus. Was bedeutet das dann für mich? Welche Möglichkeiten, Chancen oder neue Blickwinkel tun sich (vielleicht erst beim zweiten Mal hinschauen) auf?

Ein Beispiel:

Herr C. spielt in einer Coachingsitzung im Rollenspiel ein Gespräch mit seinem Chef. Er nimmt dabei wechselnd die Rolle seines Chefs wie auch seine eigene Rolle ein. Die jeweiligen Positionen werden ergänzt durch das »Doppeln«, d.h. indem die coachende Beraterin bestimmte Aussagen in den jeweiligen Rollen besonders prägnant oder provokant formuliert. Herrn C. werden nicht nur neue Argumente, sondern auch die dahinterliegenden Gefühle klar. Er nimmt die verschiedenen Blickwinkel von Menschen aus seinem Umfeld ein und erarbeitet aus dieser erweiterten Perspektive sein neues zukünftiges Vorgehen.

Ein anderes Beispiel: Ich bin von Arbeitslosigkeit bedroht. Krampfhaft kann ich versuchen, an meinem Arbeitsplatz festzuhalten, immer mit der Angst im Nacken, plötzlich doch auf der Straße zu stehen. Perspektiven wechseln kann heißen, einmal anzunehmen, dass das Loslassen meiner jetzigen Tätigkeit mir andere Möglichkeiten oder Notwendigkeiten bringt. In der Anfangsphase ist das nicht immer befreiend, sondern mit viel Angst und Unsicherheit verbunden. Aber nach einer Phase des Tiefs ist erlebbar, wie Möglichkeiten und Angebote wahrgenommen werden, die zuvor nicht gesehen und aufgegriffen worden wären. Eine Begleitung wie Coaching bietet für diese Situationen das Umfeld des Gestützt-Werdens, des gemeinsamen Hinschauens und des Entwickelns neuer Möglichkeiten in einer schwierigen, angstbesetzten Lebensphase.

Herr K. wird nicht auf die Stelle nachbesetzt, die ihm von seinem scheidenden Vorgänger »versprochen« war. Tief gekränkt bearbeitet er in den Coachingsitzungen zunächst seinen Ärger und seine Wut über diese Missachtung seiner Leistungen für das Unternehmen. Beziehungs- und Machtstrukturen werden gemeinsam analysiert. Verhaltensweisen und Gespräche, die Herr K. mit dem neuen Vorstand führte und schließlich zur Ablehnung von Herrn K. führten, werden genauer beleuchtet. Langsam beginnt Herr K. nachzuvollziehen, was dazu führte, dass er nicht für diese »höhere« Position in Frage kam, und welche Fehler er in diesem Entscheidungsprozess gemacht hat. Herr K. erkennt, welche Entscheidungen unabhängig von seinen Fähigkeiten und Leistungen getroffen wurden und was er selbst beeinflussen konnte und verabsäumt hat.

Im Coaching wird ihm klar, dass er sich von diesem Unternehmen trennen will. Nach einem Ablösungsprozess und einer Phase der Angst und Unsicherheit findet er seinen Weg: Er macht sich selbstständig und investiert alle seine Energien in seine eigene Firma. Jahre später weiß Herr K., dass der unangenehme »Schicksalsschlag« die entscheidende Wende zum Guten in seinem Leben brachte. Aus sich heraus hätte Herr K seine alte Firma nicht verlassen, sondern sich mehr schlecht als recht mit den neuen Vorständen herumgeschlagen. Vielleicht wäre er unzufrieden, herzinfarktgefährdet und ausgelaugt von unnötigen Machtkämpfen in Pension gegangen – wie er später einmal resümierte – wenn er seine ihm versprochene Position erhalten hätte.

Fragen, die einen Perspektivenwechsel erleichtern:

Was ist in meinem Leben fix und unveränderbar? Wieso?

Wie sehe ich mich und mein Leben, wenn ich mir vorstelle, aus den Wolken auf mich herunterzublicken?

Was ist meine Katastrophenerwartung? Was ist das Schlimmste, was mir geschehen könnte?

Was ist meine Heilserwartung? Was ist das Beste oder Schönste, was mir passieren könnte?

Wie würde ich mich aus dem Blickwinkel meiner besten Freundin, meines besten Freundes charakterisieren?

Wie würde ich mich aus dem Blickwinkel des Menschen charakterisieren, der mich am wenigsten versteht, mich am wenigsten gern hat oder der mein Feind ist?

Was könnte ich mal anders tun? Was könnte ich anderes tun?

3.4 Träume als Botschaften begreifen

Die zuvor beschriebene Wahrnehmungsschulung beschränkt sich nicht nur auf das Wachbewusstsein. Unsere Träume erinnern und als Botschaften erkennen lernen ist eine weitere unerschöpfliche Quelle zu unseren schöpferischen Fähigkeiten. In begleiteten Gesprächen mit in Traumarbeit ausgebildeten Therapeuten können erinnerte Träume oder Traumfetzen zu einer erweiterten Wahrnehmung der eigenen Persönlichkeit führen. Dabei meine ich nicht ein vereinfachtes Deuten von Traumsymbolen, sondern eine psychologisch begleitete Arbeit mit Träumen.

Anteile seiner selbst in den Träumen erkennen und sich mit diesen auseinanderzusetzen ist Teil der »Traumarbeit«. Eigene unbewusste Wünsche, Ängste und Vorstellungen werden über Identifikation und der Möglichkeit, sie nachzuerleben, klarer und bewusster. Die negativen oder unangenehmen Traumbilder können nicht mehr so leicht überraschen oder unkontrolliert hervorbrechen. Mit ein wenig Übung können Träume als Botschaften, als intuitive Hinweise und Fingerzeige von einem selbst gelesen und genutzt werden. Diese Botschaften kommen aus dem Gefühls- und Erlebensbereich, der uns zunächst nicht direkt zugänglich ist.

Ein Beispiel:

Frau K. träumte, wie sie von einem Mann mit einem Messer verfolgt wird und sie zu entkommen sucht. Sie identifiziert sich mit ihrem Verfolger und kommt zu Sätzen wie »Du wirst mir nicht entkommen.« Dazu kommt ihr der Gedanke, dass sie sich selbst nicht entkommen kann, was ihre Entscheidung anbetrifft, wie und wo sie leben möchte. Sie neigte bisher dazu, ein »neues Leben« in anderen Ländern zu beginnen, wenn sie das Gefühl hatte, zu ihrem gegenwärtigen Leben nicht mehr stehen zu können.

Fragen und Hinweise, die mich mit meinen Träumen vertrauter machen:

Woran denke ich, bevor ich einschlafe?
Denken Sie öfter einmal an etwas, worüber Sie träumen wollen.
Nehmen Sie sich vor, sich am nächsten Morgen an Ihren Traum zu erinnern.
Gibt es immer wiederkehrende Träume?
Sind dies ängstigende, erfreuliche oder neutrale Träume?
Stellen Sie sich jedes Detail dieser Träume bildlich vor.
Wenn Sie die Regie für Ihren Traum übernehmen, wie läuft er dann ab?
Identifizieren Sie sich mit einzelnen Teilen Ihres Traumes wie z.B. mit den auftauchenden Personen, Tieren oder Gegenständen. Welche Eigenschaften und Gefühle haben Sie als diese andere Gestalt?
Schreiben Sie Ihre Träume gleich nach dem Erwachen kurz auf, Sie könnten sie später schon vergessen haben.
Was will Ihnen Ihr Traum sagen, welche Botschaft hat er für Sie?

3.5 Schatten oder Doppelgänger erkennen

Jeder Mensch hat neben positiven Eigenschaften auch andere, negative Eigenschaften, die abgelehnt werden. Die abgelehnten Anteile der Persönlichkeit werden leicht an anderen Menschen entdeckt und dort meist vehement bekämpft. Eine Führungskraft steht in der Gefahr, auf MitarbeiterInnen abgelehnte Eigenschaften zu projizieren. Stark emotionsgeladene Konflikte deuten meist auf derartige Übertragungen hin.

Die eigenen Schattenseiten zu erkennen und sich mit diesen Schattenseiten auseinanderzusetzen, ist die Voraussetzung für eine weitere persönliche Entwicklung der Führungskraft. Vergegenwärtigen wir uns, dass jeder Mensch verschiedene Polaritäten in sich vereint. Jeder hat z.B. männliche und weibliche Anteile. Je nach Lebensphase, und individuellen Präferenzen sowie Anforderungen aus der Umwelt stehen die männlichen oder weiblichen Seiten von einem Mann oder einer Frau im Vordergrund.

Entwicklung bedeutet die verschiedenen, gegensätzlichen Seiten in sich zur Entfaltung zu bringen. Im Laufe der Selbstentwicklung kann der Mensch mit einer Gestalt konfrontiert werden, die er bisher in sich getragen hat. Diese Gestalt, auch »Doppelgänger« genannt, kann ein Abbild der eigenen Fehler und Schwächen sein und so bedrohlich werden, dass mit viel Energie eine »Begegnung« mit ihr vermieden wird.

Ein Beispiel aus dem Coaching:

Herr D. zweifelt an seiner Arbeit. Er ist bald fünfzig und fragt sich, ob das, was er tut, das Richtige für ihn ist bis zu seiner Pension oder ob er nicht noch etwas Neues, ganz anderes beginnen sollte. Besonders mit seiner Frau hat er große Schwierigkeiten. Sie ist seiner Meinung nach starr, ängstlich, humorlos und vor allem auf Sicherheit und Kontinuität bedacht. Alles Eigenschaften, die ihn hemmen, seinen neuen Weg zu finden. Er strebt deshalb eine Trennung an, um – wie er sagt – endlich frei zu sein und sich weiterentwickeln zu können. Seiner Frau gegenüber verhält er sich ablehnend, reserviert, ungehalten oder aggressiv. Daran wird u.a. deutlich, wie sehr er seine eigenen »Schattenseiten« auf seine Frau projiziert. In Gestalt des anderen Menschen können die abgelehnten Anteile besser bekämpft werden. Im Coaching setzt sich Herr D. mit diesen abgelehnten Seiten in sich auseinander und hört auf, seine Frau für die ihm fehlenden Perspektiven verantwortlich zu machen. Er beginnt langsam die Konfrontation mit seinem »Schatten« und ergänzt durch Traumarbeit findet er zu einem anderen Umgang mit seinen abgelehnten Seiten in sich und bei anderen Menschen.

Persönlichkeitsabspaltungen oder »Doppelgänger« -Themen können sich ankündigen in

- Konflikten mit anderen Menschen, die ungelöst geblieben und mit starken Emotionen verbunden sind;

- Menschen, die stark abgelehnt werden und bis zur Vernichtung bekämpft werden;

- einer Unzufriedenheit mit sich selbst, verbunden mit dem Versuch, Teile des eigenen Selbst zu bekämpfen oder in den Griff zu bekommen;

- der Tendenz, die Selbstwahrnehmung so zu verändern, dass sie mit der vorgestellten Ideal-Persönlichkeit übereinstimmt. Fremdwahrnehmungen werden nur noch verzerrt aufgenommen.

Umgang mit dem Schatten in uns:

- Sich die eigenen Schattenseiten immer mal wieder ins Bewusstsein rufen und kritische Äußerungen anderer als nützliche Hinweise darauf verstehen;

- Aufmerksam beobachten, ob nicht andere, z.B. andere Familienmitglieder oder der gleichberechtigte Geschäftsführer, die abgelehnten Schattenseiten ausleben. Jugendliche leben in der Pubertät häufig die von den Eltern abgelehnten Verhaltensweisen (die Schatten der Eltern) aus und konfrontieren somit ihre Eltern mit dieser anderen, oft fremden »Welt«.

- Anzeichen für Doppelgänger-Erlebnisse ernst nehmen und frühzeitig professionelle Hilfe suchen, bevor die Erlebnisse nicht mehr integrierbar sind. Menschen mit extremen Abspaltungen sind suizidgefährdet.

- Das eigene Entwicklungspotential erkennen und nutzen, das in dem Beschäftigen mit dem eigenen Schatten liegt.

(Kast, 1999; Koob, 1998)

3.6 Lebensphasen be- und ergreifen

Jeder Mensch durchläuft auch im Erwachsenenalter verschiedene Lebensphasen. Das Studium vieler Biografien ermöglicht das Entdecken von bestimmten Rhythmen, wie z.B. den 7-Jahres-Rhythmus. Das Ende oder der Beginn einer derartigen Phase kann sich ankündigen durch das Gefühl, dass das, was früher wie von alleine ging, jetzt einer Entscheidung bedarf. Dieses Gefühl kann schlicht Unzufriedenheit mit sich und dem eigenen Leben sein, und muss nicht unbedingt einen konkreten Anlass haben. Krisenphasen durchlebt jeder von uns.

Bei Frauen können z.B. die Kinder, die in einer bestimmten Lebensphase das Haus verlassen, eine neue Lebensphase einleiten. Die wegfallende Verantwortung kann eine Leere hinterlassen oder einen Schub zu einer neuen Lebensphase mit neuen Aufgabenbereichen bewirken.

Bei Führungskräften kann es der Zeitpunkt sein, an dem sie alles Angestrebte erreicht haben und dennoch eine gewisse Unzufriedenheit spüren. Sie fragen sich: Will ich bis zu meiner Pension so weitermachen? Was habe ich alles versäumt in meinem Leben um meiner Karriere willen? Habe ich außerhalb meines Berufslebens Interessens- und Aufgabenfelder? Welche Menschen schätzen mich? Sich mit diesen oder anderen Fragen – wenn möglich mit Gesprächspartnern – zu beschäftigen, Antworten zu suchen und Entscheidungen reifen zu lassen, kann in einer Krisenphase sinnvoll sein. Davor flüchten, durch schnelle Veränderungen in Beziehungen (Scheidungen) oder im Beruf (Unternehmenswechsel, »Aussteigen«), bringt vielleicht eine kurzfristige Änderung, oft jedoch keine Lösung für die anstehenden Lebensentscheidungen.

Jedes nicht bearbeitete oder nicht gelöste Problem taucht früher oder später erneut auf.

Das Wissen um verschiedene Phasen im menschlichen Leben ermöglicht ein bewusstes Auseinandersetzen mit dem, was man erreicht hat und noch erreichen oder erleben will.

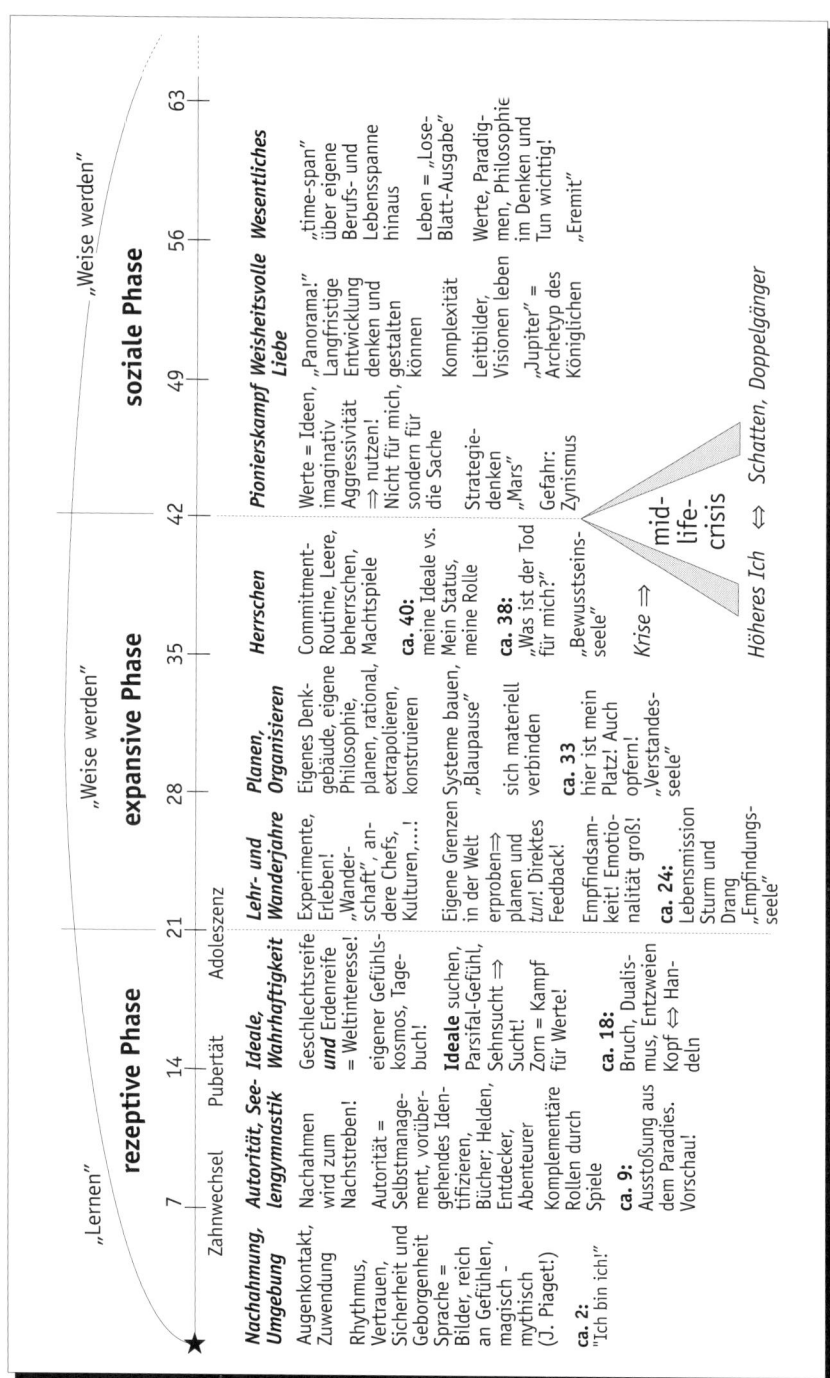

Abbildung 3: Lebensphasen des Menschen   F. Glasl 1990

Fragen, die sich mit der eigenen Entwicklung und den Lebensphasen beschäftigen:

Wann habe ich Entwicklung bei mir erlebt?
Was habe ich entwickelt oder was entwickelte sich?
Unter welchen Umständen oder in welchem Umfeld erlebe ich Entwicklung?
Was und wie will ich mich in Zukunft entwickeln?
Welche Phasen kann ich in meinem Leben entdecken?
Kann ich eine Überschrift für jede Phase finden?
Welche wesentlichen Entscheidungen habe ich in meinem Leben getroffen?
Welche sind getroffen worden? Wodurch, von wem?
Womit bin ich zufrieden in meinem Leben? Womit unzufrieden?
Was will ich noch erleben?
Wenn ich morgen sterben müsste, was würde ich noch tun wollen? Was nicht?
Was bereitet mir Freude?
Mit welchen Menschen will ich zusammen sein?

3.7 Werte leben

Von Vorständen großer Unternehmen wird nicht selten Integrität als eine für Führungskräfte notwendige Qualität genannt. In einem weltweit tätigen Unternehmen gibt es ein umfangreiches Grundsatzpapier zu dieser Schlüsselqualität. Darin wird unter Integrität verstanden: Gesetze und Regeln einhalten, nicht korrupt zu sein, sich nicht bestechen zu lassen oder verbotene Absprachen zu treffen. Außerdem ist mit Integrität auch gemeint, ehrlich und wahrhaftig zu sein, ohne Tricks und Intrigen zu arbeiten, nach Werten zu leben, die sich dem Ellbogendenken oder dem sogenannten »mobbing« entgegenstellen. Von einem integren Menschen sprechen wir, wenn wir uns auf ihn oder sein gegebenes Wort verlassen können und er es nicht nötig hat, mit falschen Versprechungen seine Position zu wahren, und wenn dieser Mensch sich der eigenen Werte von Freundschaft und Menschlichkeit verpflichtet fühlt.

Allerdings ist dies nicht zu verwechseln mit einem Handeln nach einem strengen Moralkodex, sondern entspricht eher einem Handeln nach der »Gefordertheit der Lage«, wie es *Max Wertheimer* nennt. Das heißt, wahrnehmen, was in einer bestimmten Situation richtig, vor dem eigenen Gewissen vertretbar ist. Es ist die Freiheit, nicht Beliebiges, sondern das Rechte zu tun. *Wertheimer* veranschaulicht dies in einem Bild: Wenn du einen Häuselbauer und ein hungriges Kind vor dir hast und dir ein Stück Brot und ein Ziegelstein zur Verfügung steht, wem gibst du was?

Aus der täglichen Arbeitssituation wissen wir, dass es oft nicht so augenscheinlich ist, was das Richtige ist. Aber die erweiterte Wahrnehmungsfähigkeit, wie sie schon beschrieben wurde, und stetiges sich selbst Hinterfragen hilft, die Gefordertheit der Lage zu erkennen.

Fragen, die zum Thema Werte hinführen:

Was ist mir wichtig in meinem Leben?
Nach welchen Werten glaube ich zu leben?
Wie sehen dies andere Menschen, die mich gut kennen?
Halte ich das, was ich tue, für sinnvoll?
Was will ich und was tue ich?
Ist das, was ich tue, notwendig (Not wendend)?
Tue ich nur etwas für mich oder auch für andere Menschen?

3.8 Voraussetzungen für Veränderungsprozesse

Bei allen Wandlungs-, Veränderungs- und Entwicklungsprozessen sollten Prinzipien beachtet werden, wie sie *W. Metzger* in der »Schöpferischen Freiheit« mit den »Merkmalen der Arbeit am Lebendigen« beschreibt:

3.8.1 Die Nicht-Beliebigkeit der Form

Was in einem Menschen an Kräften und Fähigkeiten schlummert, ist oft nur langsam zu entdecken und individuell verschieden. »Ein Wesen aber ist ein schon von sich aus, nach eigenen inneren Gesetzen, seiner Eigenart entsprechend gestaltetes, oder besser: sich gestaltendes und sich verhaltendes Ganzes« (*Metzger*, 22). Das heißt, es geht in der persönlichen Entwicklung um die Entfaltung der Möglichkeiten, die in einem Menschen schlummern. Eine der wichtigsten Aufgaben einer Führungskraft ist es, für jeden Menschen den richtigen Platz im Unternehmen zu finden, an dem er seine Fähigkeiten einsetzen und sich entfalten kann.

Für das Coaching bedeutet dieses Merkmal, dass gemeinsam mit dem Klienten geklärt wird, was sie sich selbst zutraut und was sie erreichen will in ihrer Organisation. Die bisherigen Entwicklungswege werden danach reflektiert, welche Begabungen und Fähigkeiten gefördert, entwickelt, genutzt wurden und welche vielleicht brach liegen. Der Coach gibt der Klientin immer wieder Feedback zu ihren Stärken, Schwächen und möglichen Lernfeldern, um ihre eigenen Kräfte zu stärken und zu mobilisieren, aber auch, um Sackgassen, die mit dem Über- oder Unterschätzen zusammenhängen, zu vermeiden.

3.8.2 Gestaltung aus inneren Kräften

Die Kräfte und Antriebe, die eine persönliche Entwicklung vorantreiben, sind vorwiegend in einem selbst. Motiviert ist eine Mitarbeiterin oder ein Mitarbeiter, wenn sie oder er letztlich von sich aus Interesse an der Arbeit findet. In einem Coaching können diese manchmal verschütteten Interessen entdeckt werden. Außerdem können Randbedingungen geschaffen werden, die diese inneren Kräfte steuern und stärken. Im Coaching begegne ich häufig Führungskräften, die auf Fehler ihrer Mitarbeiter mit Druck und Kontrolle reagieren. Dies ist energie- und zeitraubend und außerdem wenig wirksam.

Ein Beispiel:

In einer besonders schwierigen Situation ist eine Führungskraft, die innerhalb eines großen Konzerns einen Betrieb schließen muss. Die Mitarbeiter, die darüber informiert sind, sollen allerdings bis zur Schließung volle Leistung erbringen. Es kommt – nicht unerwartet von der Führungskraft – zu Fehlverhalten und vermehrten Krankenständen. Appelle, Drohungen und Kontrollen fruchten wenig. Im Coaching findet die Führungskraft einen neuen Ansatzpunkt für ihr Vorgehen: nicht gegen, sondern mit den Mitarbeitern zu arbeiten und ihre noch vorhandenen inneren Kräfte aufzuspüren und zu nutzen. Die Führungskraft setzt sich mit ihren Mitarbeitern zu einem Gespräch zusammen und klärt mit ihnen gemeinsam, wie sie sich in dieser schwierigen Situation gegenseitig helfen, wie sie durchhalten können und wie sie sich einen zukünftigen Arbeitsplatz in oder außerhalb des Konzerns sichern können. Das anscheinend so Naheliegende und Einfache ist der Führungskraft so schwer gefallen, weil sie verstrickt war in der Vorstellung, dass man Mitarbeitern, die nicht mehr motiviert sind, Druck von oben machen muss.

3.8.3 Nicht-Beliebigkeit der Entwicklungszeit

Jeder Mensch hat seine eigenen fruchtbaren Zeiten und Augenblicke, in denen er bestimmten Arten des Einfluss-Nehmens zugänglich ist, während er sich vielleicht vorher und nachher verschließt. Für die professionelle Begleitung einer Persönlichkeitsentwicklung heißt dies im richtigen Augenblick ohne Zögern »bei der Hand zu sein« (Metzger, 27) und »in viel höherem Maß als der Macher geduldig warten können«.

Manchmal ist diese Entwicklungszeit nicht selbst bewusst gewählt und kann dennoch bewusst genutzt werden.

Dazu ein Beispiel:

Durch eine überraschende Kündigung ist ein Manager aus seiner Karriere-Laufbahn herausgeworfen. Neben all der Wut darüber und neben all den aufsteigenden Ängsten erkennt er seine Chancen. Ist nicht jetzt gerade der richtige Zeitpunkt, die Weichen in seinem Leben neu zu stellen, sich ein neues Aufgabenfeld zu suchen, das seinen eigenen Bedürfnissen entspricht? Er nutzt diese »Aus-Zeit« und unternimmt zunächst vieles, was er bisher immer aufgeschoben hatte, wie reisen, lesen, Gespräche führen, Kontakte knüpfen. Systematisch geht er daran, seine zukünftigen Arbeits- und Lernfelder abzustecken.

3.8.4 Nicht-Beliebigkeit der Entwicklungsgeschwindigkeit

Jeder Mensch durchlebt bestimmte Entwicklungphasen. Diese Phasen bauen aufeinander auf und können nicht übersprungen werden, wobei es individuelle Unterschiede gibt in der Dauer der Phasen. Jede Ungeduld, jedes Drängen oder künstliches Beschleunigen-Wollen schlägt oft doppelt zurück: Es kann zu seelischen Verletzungen sowie Erkrankungen führen, und es kann im späteren Leben eine Art Nachholbedarf notwendig werden. So steht in der Kleinkindphase die Nachahmung im Vordergrund, das heißt, im Umfeld des Kindes sollte auch Nachahmungswürdiges sein. In der Pubertät wird die Konfliktbewältigung geübt; entziehen sich die Eltern dieser Herausforderung, sucht dieser Mensch im späteren Leben unter Umständen immer wieder eine Auseinandersetzung mit seinen Vorgesetzten.

Bei Führungskräften, die relativ früh, z.B. mit 26–28 Jahren, Führungsverantwortung übernehmen mussten, wird sich die Bedeutung der Nicht-Beliebigkeit der Entwicklungsgeschwindigkeit in späteren Jahren zeigen. Konnten die jungen Führungskräfte nicht in ihre Aufgabe hineinwachsen, sondern wurden sie eher hineingeworfen, ist es für ihre psychische Entwicklung wichtig, sich ihrer Werte bewusst zu werden und eine Balance zwischen ihrem Arbeitsfeld, ihrem Familienleben oder Freundeskreis und ihren eigenen körperlichen, seelischen sowie geistigen Bedürfnissen zu finden. Die schrittweise Auseinandersetzung mit sich selbst und dem eigenen Umfeld hilft »Blitzkarrieristen«, eine spätere plötzliche Leere oder Sinnkrise besser zu bewältigen.

3.8.5 Die Duldung von Umwegen

Ein japanisches Sprichwort besagt: »Wenn du schnell zum Ziel kommen willst, mach einen Umweg«. Vieles, was uns als Umweg erscheint, ist beim genaueren Hinsehen und beim Überblicken eines größeren Zeithorizontes gar keiner. Wie viele pädagogische und psychologische Theorien zur menschlichen Entwicklung gab es schon, die sich als unsinnig und sogar gefährlich erwiesen, weil sie nur einen Teil eines gesamthaften Geschehens beachteten, wie z.B. die möglichst frühe Vermittlung von Wissen und das damit einhergegangene Verkürzen von Spielzeiten. Einen Umweg machen heißt aber auch die oben beschriebenen Prinzipien ernst nehmen und zu akzeptieren, dass eine Entwicklung weniger einfache und für uns nicht immer verständliche Wege einschlagen kann.

Ein Beispiel aus dem Coaching:

Herr B. will möglichst schnell seinen chaotischen Führungsstil, sein Zeitmanagement und seine sprunghaft erlebte Sitzungs- und Gesprächskultur ändern. Er spricht sehr schnell und meint, dass ihm die meisten seiner Mitarbeiter zu langsam sind. Auch für das Coaching hat er eigentlich keine Zeit. Zunächst erscheint es Herrn B. unnötig, dass wir uns im Coaching mit seinen Perspektiven für die nächsten drei bis sieben Jahre, mit seinen Visionen, seinen Träumen und seinen Priori-

täten beschäftigen. Doch bald wird ihm deutlich, dass seine ganze Hektik und das dadurch entstehende Chaos seiner inneren Unsicherheit entspringt. Aus seiner Unklarheit heraus, was er in seinem jetzigen Aufgabenfeld noch erreichen will, was ihm überhaupt wichtig erscheint in seinem Leben und wovor er laufend davonrennt. Wir arbeiten einige Sitzungen an diesen Themen und ein scheinbarer Umweg wird zum Hauptweg.

4. Coaching als Problemlösungs- und Entscheidungshilfe

Hans von Sassen

Ein Coach wird immer dann in Anspruch genommen, wenn für den Betreffenden ein »Problem« vorliegt. Problem nicht nur in der heute zu oft gebrauchten negativen Bedeutung, nämlich einer Situation, in der es Schwierigkeiten gibt, z.B. als Folge von etwas, das nicht hätte geschehen dürfen, von Irrtümern oder Fehlern. In dem Falle wäre Problemlösung nur eine Art Reparaturverhalten oder Wiedergutmachung, also eine vielleicht notwendige, aber freudlose oder belastende Tätigkeit.

Das Wort Problem bedeutet nichts anderes als eine »Frage, die ich mir vorlege«, also auch Fragen wie:

- Unter welchen Bedingungen kann ich diese Position und Aufgabe übernehmen?
- Wie können wir unsere Arbeitsvorgänge noch besser gestalten?
- Soll ich mich von diesem Mitarbeiter trennen oder gibt es andere Lösungen?
- Wir brauchen eine neue Strategie; wie können wir diese erarbeiten und wer sollte dabei einbezogen werden?
- Was kann ich zur Entspannung des Konfliktes in meiner Umgebung beitragen?

Das sind Fragen, die nicht ohne weiteres zu beantworten sind, weil die Gesamtsituation nicht leicht zu überschauen ist oder für verschiedene Alternativen manches dafür, manches aber auch dagegen spricht. Darum spricht man eben von »Problemen«, weil die Beantwortung dieser Fragen einen Suchprozess erfordert. Die Antwort auf das Problem ist immer eine Entscheidung, außer wenn es um ein philosophisches oder wissenschaftliches Problem geht, dann ist die Antwort eine Erkenntnis – in dem Fall sucht aber niemand die Hilfe eines Coach. In einem Coachingprozess geht es nicht um Erkenntnisprobleme als solche, aber um »Handlungsprobleme« von der Art wie die soeben dargestellten.

Wie kommt nun ein Mensch – oder eine Gruppe – zu sinnvollen, akzeptablen und praktikablen Entscheidungen und wie kann ein Coach dabei helfen?

4.1 Entscheidung als Krise

Jede Entscheidung ist ein Schritt über eine Schwelle in die Zukunft, in eine neue – zumindest teilweise – unbekannte Situation. Mit diesem Schritt verlasse ich ein Gebiet, in dem ich mich auskenne und gewohnt bin zu handeln. Das Bekannte, Überschaubare und Erprobte gibt Sicherheit. Etwas Neues bedeutet vielleicht eine Chance, aber auch Unsicherheit. Außerdem kann mich manches verbinden mit der bisherigen Situation, das mir lieb geworden ist oder Erfolg gebracht hat. Dieses loszulassen kann schmerzlich sein.

Vor eine Entscheidung gestellt sein, ist also eine Krise. Das Wort Krise kommt aus dem griechischen Krisis, das Entscheidung oder Urteilsspruch bedeutet! Eine Krise tritt dann ein, wenn ein bisher bewährtes Handeln nicht mehr genügt, keine Anerkennung mehr findet oder nicht mehr den erwarteten Erfolg hat. Das kann mehrere Ursachen haben: Veränderungen in der Umwelt, andere Bedürfnisse und Anforderungen z.B. des Marktes, neue Gesetze oder neue Einsichten, Auffassungen, Erfahrungswerte usw. Das ist etwas anderes als die Anpassung des Verhaltens an täglich wechselnde Gegebenheiten innerhalb eines stabilen »Rahmens«. Es erfordert das in Frage Stellen dieses Rahmens selbst, der Abläufe, Organisationsformen, Ressourcen, Ziele usw. bishin zur Frage des Überlebens und der Existenzberechtigung – also Entscheidungen.

Da wir in einer sich rasch verändernden Welt leben, da Menschen, Gruppen, Organisationen sich entwickeln, treten natürlicherweise immer wieder Krisen auf. Nun ist das Wort Krise emotional belastet. Dafür sind vor allem zwei Vorurteile verantwortlich:

1. Eine Krise sei etwa dasselbe wie eine Katastrophe – das kann sie dann werden, wenn sie durch längere Zeit hin nicht erkannt, verdrängt oder falsch gedeutet wurde.

2. Eine Krise sei etwas, das bei richtigem Verhalten und guter Führung hätte vermieden werden können. Dann wird nach Schuldigen gesucht.

Ob und wie eine Entscheidung zustande kommt, hängt zunächst davon ab, wie die Krise von den »Entscheidern!« erlebt wird – und zwar als Bedrohung oder als Herausforderung.

Krise als Bedrohung erlebt

Dies löst Gefühle aus wie Unbehagen, Sorge, Angst bis Panik. Das ist vor allem dann der Fall, wenn die Notwendigkeit einer Neu-Orientierung viel zu spät erkannt wurde. Dies wird z. B. an folgenden Symptomen sichtbar:

Bewusstsein   Einengung des Bewusstseins- und des Zeithorizontes, Vereinfachung (Komplexitätsreduktion) – wie gebannt Starren auf das (vermeintliche) Gefahrengebiet (z.B. »unlösbarer« Konflikt,

Bankschulden) und Übersehen anderer Tatsachen, Zusammenhänge, Möglichkeiten.

Einstellung Der Wunsch weitermachen zu können, ohne etwas ändern zu müssen, höchstens »mehr oder weniger desselben«. Nur in Notlösungen denken.

Handeln Neigung chaotisch oder starr zu reagieren. Ratlosigkeit – viel argumentieren ohne Konklusionen. Kurzschlusslösungen (von Symptomen zu Maßnahmen springen) oder: Scheinlösungen, d.h. hektisch Arbeiten an nebensächlichen Problemen. Fluchtwege – z.B. jammern, beschwichtigen, anklagen, geschäftiger Aktionismus oder auf ein Wunder hoffen.

Krise als Herausforderung erlebt

Die Krise löst ebenfalls Spannung und Besorgnis aus, aber keine Angst. Dagegen wird sie als Ansporn erlebt, an einer zukunftsorientierten Entscheidung zu arbeiten.

Symptome sind:

Bewusstsein Es wird Bewusstseinserweiterung angestrebt, um die Gesamtlage zu überschauen und nicht nur Schwächen und Gefahren, sondern auch die Stärken und Chancen zu sehen.

Einstellung Der Glaube, dass jede Krise ein Signal ist, dass ein neuer Entwicklungsschritt fällig ist. Dieser kommt nicht von selbst, sondern muss erarbeitet werden.
Der Glaube, dass es für jedes Problem eine akzeptable bis gute Lösung gibt für denjenigen, der bereit ist, etwas loszulassen. Neues zu lernen und die Situation kritisch und kreativ anzugehen. Die Krise wird also als eine Chance gesehen.

Handeln Nimmt sich die Zeit zur Diagnose der Situation, zur Urteilsbildung und Entscheidungsfindung, um zu einer erfolgversprechenden Kursänderung zu kommen. Reduziert oder delegiert das Tagesgeschäft und macht Krisenmanagement zur Priorität. Versucht soviel wie möglich. Betroffene und Externe zu mitdenkenden und motivierten Bundesgenossen zur Überwindung der Krise zu machen. Das erfordert Mut zur Initiative, innere Sicherheit und (Selbst) Vertrauen in dem Maße, wie die Krise, also die zu treffende Entscheidung, mehr oder weniger tief greifend ist.

Coaching als Vertrauenshilfe

Die erste Aufgabe eines Coach, der Entscheidungshilfe leisten will, ist seinen Klienten zu ermutigen, sich mit Vertrauen auf den Weg zur Lösung seines Problems zu begeben, so dass dieser seine Situation als Herausforderung annimmt. In der ersten Gesprächsphase ist anhand der genannten Symptome zu ersehen, ob der Klient seine Situation mehr als Herausforderung oder mehr als Bedrohung erlebt. Ist das erstere der Fall, dann kann bald in die Arbeit am Problem eingestiegen werden und wird der Klient zum Partner im Coachingprozess. Andernfalls ist mehr Zeit aufzuwenden für die Vertrauensbildung.

Das kann z.B. wie folgt geschehen:

• Beim Betrachten der Lage kann der Coach die positiven Faktoren, die vorhandenen Stärken und Ressourcen, z.B. die ungenutzten Fähigkeiten von Mitarbeitern, beleuchten. Dadurch kann die Bewusstseinsverengung auf die »Problemzone« wieder eine Erweiterung erfahren, so dass die Hoffnung auf eine tragbare Lösung Auftrieb bekommt.

• Durch Einbeziehen von Kollegen und Mitarbeitern in den Prozess. Es wirkt ermutigend, wenn man nicht vor schwierigen, einsamen Entscheidungen steht, sondern auf die Unterstützung von Mitarbeitern bauen kann.

• Bei der Situationsanalyse kommt man bald auf kleinere Mängel und

• Unzufriedenheiten. Indem man für diese relativ einfach und schnell Abhilfe schafft, entstehen Erfolgserlebnisse, die ermutigend wirken und Energie freisetzen für das Angehen des Hauptproblems.

4.2 Entscheidung als Wahl

Zum Wesen der Entscheidung gehört nicht nur, dass es ein Schritt über eine Schwelle in ein neues Gebiet ist, sondern dass wir auch vor der Wahl zwischen verschiedenen Möglichkeiten des Handelns stehen. Wir gehen gewissermaßen auf einer Straße, die sich in zwei oder mehr Wege spaltet. Welcher ist der »richtige« oder der »beste« Weg zum Ziel? Wir sehen oder vermuten Vorteile und Nachteile des einen Weges und ebenso der anderen Wege.

Da tritt weniger die Angst (vor unbekannten Konsequenzen) auf, sondern mehr der Zweifel: Da scheiden sich die Geister – in mir oder in einer Gruppe. Zweifel ruft »Unentschiedenheit« auf. Entscheiden heißt, diese Scheidung (wieder) zu überwinden. Dadurch wird Energie frei für den weiteren Weg. Allerdings kommt es vor, dass Menschen nur halbherzig einen der Wege wählen. Sie haben sich dann die Entscheidungsfindung zu leicht gemacht – das kann zur Folge haben, dass der Zweifel sie unterwegs wieder überfällt.

Entscheidungshilfe bei Zweifel

Es gibt ein unproduktives und ein produktives Verhalten dem Zweifel gegenüber. Das erstere bedeutet: in der Unentschiedenheit hängen bleiben, Entscheidungen hinausschieben. Das wird als Entscheidungsschwäche bezeichnet. Menschen können aber auch den Zweifel als Signal zur Besinnung auffassen, um nicht zu vorschnell die vor der Hand liegende Alternative zu wählen, sondern die Entscheidungssuche Ernst zu nehmen. Wir könnten dieses Verhalten als Entscheidungsernst bezeichnen. Der Zweifel lähmt dann nicht, sondern wird zu einer Hilfe, um zu bewussten und verantwortlichen Entscheidungen zu kommen. Das mit einem Coach gemeinsame Durchforsten des Problems und der Lage kann wesentlich zur inneren Sicherheit des Entscheiders beitragen.

Die Personen, die von einem Coach Entscheidungshilfe erwarten, tendieren entweder mehr zur ersten oder zur zweiten Verhaltensweise. Im zweiten Fall kann bald am Problem gearbeitet werden. Der Coach wird dann hauptsächlich methodische Hilfe für den Prozess der Entscheidungsfindung leisten. Der Klient kann aber auch Entscheidungsschwäche zeigen, indem er zum Beispiel Argumente in der »Ja-aber-Grammatik« im Kreise bewegt und die Alternativen immer wieder anzweifelt. Der Coach sollte ihn dann nicht drängen, sich zu entscheiden, sondern zunächst versuchen, die Motive und Kräfte, die zu dieser Patt-Situation beitragen, ins Bewusstsein zu rufen.

Mögliche Hintergründe für Unentschiedenheit können sein:

- Nur zwei Alternativen sehen, z.B. entweder weggehen oder bleiben. Das ist eine Bewusstseinsverengung. Der Coach kann zeigen, dass es viele Formen und Bedingungen des Weggehens und des Bleibens gibt. Oder eine dritte Alternative kann die »erlösende« Lösung sein.

- Die (unbewusste) Voraussetzung, dass Entscheidungen sich nur auf Veränderungen in der Außenwelt des Entscheiders, auf andere Menschen oder Umstände beziehen. Der Betreffende erwägt Maßnahmen – jedoch nicht, wo er selbst seine Meinung, Einstellung, Anforderungen usw. ändern könnte oder müsste. Die Alternativen werden dann verworfen, weil sie den bisherigen Denkgewohnheiten nicht entsprechen.

- Illusorische Wünsche, z.B. überall zugleich dabei sein wollen, also auf nichts verzichten wollen. Oder illusorische Befürchtungen, d.h. jede der Alternativen könnte Nachteile bringen, mit denen man sich nicht abfinden will.

Aufgabe des Coach ist, die eigentlichen Bedürfnisse und Motive, die Auffassungen und Werte des Coaching-Partners zu hinterfragen. Oft beziehen sich die Wünsche und Abneigungen auf vorgestellte Lösungen, die noch nicht dahin überprüft sind, ob sie den eigentlichen oder längerfristigen Anliegen gerecht werden. Durch dieses Hinterfragen werden neue Kriterien für die Urteilsbildung sichtbar, und der Blick erweitert sich auf noch nicht bedachte Alternativen.

4.3 Arten von Entscheidungen

Steht Problemlösung und Entscheidungshilfe an, dann ist es hilfreich, dass der Coach sich zunächst ein (vorläufiges) Bild macht von der Art des zu lösenden Problems bzw. der zu treffenden Entscheidung. Er kann dann einschätzen, was auf welchem Gebiet zu entscheiden ist, wie einfach oder kompliziert die Situation ist und welche Fähigkeiten und Denkweisen die Entscheidungsfindung erfordert.

4.3.1 Entscheidungen, die eine Person, eine Gruppe oder eine Organisation betreffen

1. Das Problem bzw. die Entscheidung bezieht sich auf die Situation einer Einzelperson. Es geht dann um die Lösung eines persönlichen Problems, z.B. Stellensuche oder Auswanderung.

2. Es betrifft eine Gruppe, z.B. Familie, die Seminargruppe, Arbeitsteam. Das Thema kann z.B. ein Gruppenkonflikt, die Arbeitsverteilung, die Auflösung der Gruppe sein.

3. Die Entscheidung betrifft eine Organisation oder Institution z.B. Strategie, Investitionen, Funktionen, Abläufe usw.

Darüber hinaus gibt es weitere Dimensionen: Vernetzung von Unternehmungen oder Forschungseinrichtungen, Gemeinden, Ländern, ... Je weiter die »soziale Dimension« desto mehr müssen Tatsachen und Konsequenzen auf unterschiedlichen Gebieten, wie Organisation, Wirtschaft, Technologie, Psychologie, Gesetzgebung, berücksichtigt werden. In diesen qualitativ unterschiedlichen Dimensionen gibt es natürlich auch Größenunterschiede, z.B. ein Gemüseladen und ein Konzern. Beide sind Organisationen, aber Entscheidungsprozesse sind im letzteren Fall natürlich vielschichtiger und aufwendiger. Der Coach kann beobachten, in welchem Horizont sein Klient denkt und urteilt, welche Aspekte er sieht und über welche erhinwegsieht – also wo an einer Bewusstseinserweiterung gearbeitet werden muss.

4.3.2 Ziel -, Weg- oder situative Entscheidungen

1. *Ziele:* Urteilsbildung in bezug auf Ziele erfordert einen weiteren Bewusstseins- und Zeithorizont, größere Verantwortung und Risikobereitschaft, also auch mehr innere Sicherheit, da die Zukunft noch weitgehend offen ist. Der Coach wird insbesondere Gründe und Motive, das Warum und Wozu und mögliche Konsequenzen für die weitere Umgebung hinterfragen.

2. *Wege:* Hier geht es um Strategie- oder Planungsentscheidungen, Verfahrens- und Methodenwahl und organisatorische Bedingungen dazu. Wie ist vorzugehen, um das bereits entschiedene oder vorgegebene Ziel am besten zu erreichen? Dabei ist noch mit manchen Ungewissheiten – je nach »Umfang« des Problems – zu rechnen, aber Erfahrung und methodisches Denken geben schon mehr Halt für die Entscheidungsfindung.

3. *Situation:* Ziel und Vorgehen sind bekannt. In der Durchführung treten aber Probleme auf, die situative Entscheidungen erfordern. Ist die »Störung« (zeitig) zu beheben oder muss der Plan geändert werden? Also einmalige, meistens kurzfristige Entscheidungen, die auf situative Gegebenheiten bezogen sind.

4.3.3 Technische, soziale und konzeptive Entscheidungen

Sie erfordern jeweils qualitativ andere Denkweisen und Fähigkeiten:

1. *»Technisch-operative«* Entscheidungen, die keine Konsequenzen haben für Menschen und keine prinzipiellen Fragen berühren.

2. *»Menschlich-soziale«* Entscheidungen, die Menschen und Gruppen, deren Verhalten, Beziehungen, Konflikte usw. betreffen.

3. *»Konzeptiv-kreative«* Entscheidungen, bei denen es um Sinngebung, Prinzipien, Zielsetzung, »Politik«, Strategie oder Neugestaltung geht. Konzeptive Entscheidungen setzen soziale und operative voraus oder ziehen diese nach sich.

Als Coach kann man darauf achten, auf welcher dieser Ebenen der Partner vorzugsweise denkt. Viele neigen dazu, soziale und strategische Entscheidungen zu behandeln, als ob sie technische wären. In Schulen und Ausbildungen werden ja beinahe ausschließlich technische Fähigkeiten entwickelt, soziale und kreative Fähigkeiten muss die Mehrheit sich selbsttätig erwerben oder in der Weiterbildung ansatzweise nachholen. Ein »technisches Denken« genügt aber nicht, um soziale und konzeptive Probleme befriedigend zu lösen.

Die weitreichendsten Entscheidungen sind »organisationsbezogene, ziel- und konzeptive« Entscheidungen. Bei einer einfachen Entscheidung kann nach kurzer Zeit überprüft werden, ob diese richtig war und notwendige Korrekturen können frühzeitig durchgeführt werden. Konzeptive Entscheidungen, besonders in einem größeren System, sind langfristig wirksam. Diese können sich oft erst nach Jahren als richtig erweisen.

Meistens bilden Probleme auf der menschlich-sozialen Ebene zusammen mit konzeptiven Fragen den Kern von Coachinggesprächen. Eine Hilfe für die Entscheidungsfindung ist es, dem Coaching-Partner die Art seines Problems un damit die Art der zu treffenden Entscheidung bewusst zu machen.

4.4 Problemlösung und Entscheidungsfindung als Prozess

Jedem »Lösen« und »Finden« geht ein Suchprozess voran. Je bewusster und methodischer dieses Suchen stattfindet, desto sicherer kommt man zu einer optimalen Lösung und Entscheidung. Zu oft verläuft dieser Prozess zu chaotisch, daher langwierig, demotivierend und kraftraubend. Eine geglückte Entscheidungsfindung, nicht nur als Ergebnis, sondern auch als Prozess, wirkt aufbauend und motivierend.

Der Coach kann diesen Prozess bewusst machen, strukturieren und begleiten. Das hilft dem Klienten nicht nur zu einer (besseren) konkreten Entscheidung. Bei einer bewussten und strukturierten Entscheidungsfindung gehen intensive Lernprozesse vor sich, sowohl methodisch-praktische wie persönliche. Insbesondere wird die Fähigkeit der Urteilsbildung entwickelt, die über bisherige Erfahrung und Spezialismus hinausführt. Urteilsfähigkeit ist eine wesentliche Voraussetzung für Zusammenarbeit und ein Bestandteil der Führungskompetenz. Darin liegt meines Erachtens die besondere Stärke von Coaching überhaupt!

Gibt es für diesen Suchprozess eine allgemein gültige Wegbeschreibung, eine Vorgehensweise, ein Modell, abgesehen davon, was inhaltlich gesehen, zu entscheiden ist?

Es gibt eine umfangreiche Literatur, die diesen Prozess in verschiedensten Schritten, die jeweils zu beachten sind, beschreibt. Im Folgenden wird ein Modell dargestellt, dass im Laufe von 40 Jahren aus der Beratungs- und Seminartätigkeit im Managementbereich entwickelt wurde und das ich heute als genügend ausgereift ansehe. Da es hier nicht um eine theoretische Abhandlung geht, sondern für Praktiker geschrieben wird, werden keine Vergleiche mit anderen Vorgangsbeschreibungen angestellt.

Ein Modell für die Entscheidungssuche

Ein Mensch oder eine Gruppe, der/die vor einer Entscheidung steht bzw. ein Problem lösen will, hat zu tun mit:

1. einer gegebenen Situation, die aus der Vergangenheit bis heute geworden ist.

2. einer zu schaffenden Situation, die in der Zukunft sein soll.

Der/die Entscheider stehen in der Mitte, in der Gegenwart.

In einem Bild:

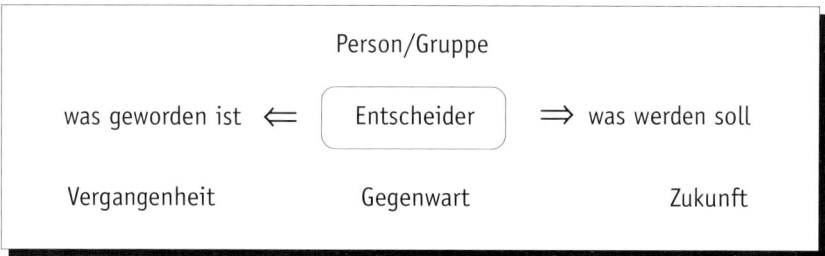

Abbildung 1: Entscheiden im Zeitaspekt

Von dieser Mitte aus schaut er einerseits zurück mit der Frage: wie und warum ist es so geworden? Andererseits richtet er sich auf die Zukunft mit der Frage: was soll (anders) werden, wie und warum? Die Wichtigkeit des Zurückschauens wird oft unterschätzt. Jede Entscheidung ruft Änderungen in der Situation hervor, nicht nur immer die beabsichtigten. Darum ist eine »Situationsanalyse«, notwendig, um die Möglichkeiten und Begrenzungen der bestehenden Situation zu kennen und zu verstehen, insbesondere die Kräfte unter der Oberfläche (z.B. Erwartungen und Befürchtungen von Menschen). Beste Absichten haben schon zu Fehlentscheidungen geführt, wo dies nicht beachtet wurde; selbst Tatsachen, die für andere offensichtlich sind, können mitunter übersehe werden.

Die Grundfrage für den Prozess ist: Wie finde(n) ich (wir) eine für unsere Situation optimale Entscheidung, die nicht nur wünschenswert, sondern auch vernünftig, verantwortlich und durchführbar ist?

Die Entscheidungssuche beschreiben wir zunächst als einen Weg in jeweils vier Schritten:

Situationsanalyse	Entscheidungsfindung
* **Ausgangsfrage** Probleme, Anlass, Handlungsbedarf *klären*	* **(Übergeordnete) Ziele und Prinzipien** für die zu treffende Entscheidung *feststellen/vereinbaren*
* **Situationsbild** Tatsachen, Umstände, Daten und deren Zusammenhang/Vernetzung *zusammentragen und anschauen* *nicht bewerten*	* **Alternativen** Mögliche Lösungen, Zukunftsbilder *zusammentragen und anschauen* *nicht bewerten*
* **Merkmale der Situation** Hintergründe, Charakteristik, Ursachen der heutigen Lage *hinterfragen und einschätzen*	* **Konsequenzen** der alternativen Lösungen bzw. Entscheidungen *hinterfragen und einschätzen*
* **Diagnose** Zusammenschau des Vorigen und Schlussfolgerung *Verstehen »was los ist«* *Durchschauen der Situation*	* **Entscheidung** Zusammenschau des Vorigen und Schlussfolgerung *Wollen »was gedacht wurde«* *Verabredungen über die Durchführung*

Tabelle 1: Elemente der Entscheidungssuche

Die »Erkenntnissuche« geht aus von der Gegenwart – das Problem ist heute für mich da – und macht eine »Schleife« in die Vergangenheit, um die gewordene Situation und deren Ursachen zu verstehen. Der Weg kehrt zum Entscheider zurück: er muss nun zu einem Urteil kommen, was die Diagnose für ihn bedeutet und was damit zu geschehen hat. Die »Entscheidungsfindung« geht von Zielen und Grundsätzen aus, die ich stelle und macht nun eine »Schleife« in die Zukunft: wie könnten die künftigen Situationen aussehen und welche Konsequenzen hätten diese? Der Weg kehrt wieder zurück zum Entscheider: er trifft eine Entscheidung.

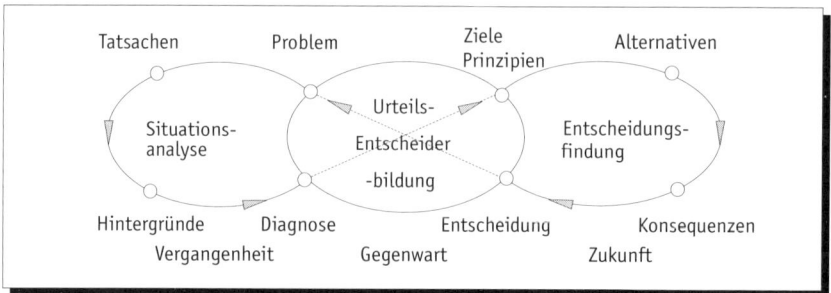

Abbildung 2: Prozess der Problemlösungs- und Entscheidungsfindung

Der Prozess der Entscheidungsfindung durchläuft in diesem Bild drei Gebiete, die jeweils ein anderes Bewusstsein und eine andere Einstellung erfordern.

1. In der Situationsanalyse schauen wir die gegebene Wirklichkeit objektiv – vorurteilslos an und verdichten diese zu einem Bild: **Bildgestaltung**

2. Wir setzen die gefundenen Tatsachen und Hintergründe mit unserer subjektiven Wirklichkeit in Beziehung, d.h. »was bedeutet das für uns?, wie bewerten wir es (heute)?, was wollen wir damit tun?«: **Urteilsbildung**

3. Wir entschließen uns zu einer Änderung/Lösung, die in der heutigen und zukünftigen Wirklichkeit zu verantworten ist: **Entschlussbildung**

Nachfolgend eine Charakteristik der einzelnen Elemente dieses Weges.

Zur Bildgestaltung gehören:

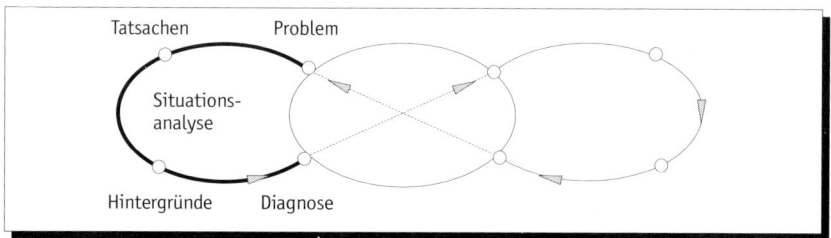

Abbildung 3: Elemente der Situationsanalyse

Problem (Ausgangsfrage)

Das mittlere Oval symbolisiert die »Innenwelt« der Entscheider. Das Problem steht an der Grenze zwischen innen und außen: es ist mein/unser gefühltes, gedachtes oder vermutetes Problem, dem wir uns stellen, andererseits bezieht es sich auf die Situation. Für eine »richtige« Entscheidung ist die »richtige« Frage entscheidend.

Ein Beispiel:
Eine Führungskraft ist mit ihrer Arbeit ständig im Rückstand. Sie klagt über Personalmangel und Überbelastung.

Diese Aussage nennt eine Tatsache, den Rückstand, enthält aber zugleich die vermeintliche Erklärung und damit die gewünschte Lösung. Eine derartige Formulierung des Problems kann zu einer logisch erscheinenden »Kurzschlussentscheidung« führen. Sind mehrere Ursachen und Umstände verantwortlich – z.B. Mängel der Organisation und Demotivation der Mitarbeiter –, dann würden Neueinstellungen das Problem nicht beseitigen, vielleicht sogar verschlimmern. Untersucht man die »Problemsituation« nach möglichen Ursachen, dann findet man meistens mehrere innerhalb, aber auch außerhalb der Abteilung. Diese können dann auf eine oder wenige Wurzeln zurückgeführt werden, z.B. den Organisationsstil und die Personalpolitik der letzten 20 Jahre. Das ergibt dann die Diagnose.

Jede Tatsache und jeder Vorgang, also auch »das Problem«, hängt mit anderen zusammen: Die »Lösung« wirkt zurück auf das System und bringt ein (zunächst oft unsichtbares) Netz von Tatsachen und Beziehungen in Bewegung. Darum ist Situationsanalyse notwendig, um die Zusammenhänge zu klären.

Eine Tatsache an sich ist nie ein Problem, kann aber für Menschen zum Problem werden: Sie sehen ein Problem – oder nicht –, sie erleben etwas als Problem, sie haben ein Problem, d.h. sie sind betroffen und wollen oder müssen etwas daran tun – oder nicht. Dieselbe Sache kann für den einen ein großes Problem darstellt, für den anderen gar keines. In einer bürokratischen Organisation kann ein Rückstand als Beweis gelten für die Wichtigkeit der Abteilung und die Gewissenhaftigkeit ihrer Mitarbeiter – geradezu ein Statussymbol. Ein Problem ist es nur für die Abnehmer ihrer Leistungen.

Das heißt: nur Menschen sehen oder »haben« Probleme. Nun wird aber im allgemeinen Sprachgebrauch sehr oft »das Problem« als quasi-objektiver oder vermeintlicher Tatbestand außer dem »Problembringer« behandelt. Das führt oft zu Fehldiagnosen und Maßnahmen, die keine »Lösung« bringen. Hier liegt die erste Klippe für die Entscheidungsfindung. Für den Coach ist es wichtig, darauf aufmerksam zu machen und zu hinterfragen, was für wen ein Problem ist und warum.

Eine Frage, die man sich vorlegt, kann sein: Was hat das zu bedeuten? Wie ist es entstanden, wie zu verstehen? Daraus ist jede Philosophie und Wissenschaft hervorgegangen. Angeregt werden solche Fragen durch das Gefühl der Verwunderung. In einer Situation, in der wir handeln, fragen wir uns: Was ist da zu tun, wie kann ich das ändern, verbessern usw.? Diese Fragen entstehen aus einem Bedürfnis oder Gefühl der Unzufriedenheit über eine Situation.

Anlass zu Unzufriedenheit ist entweder ein Hindernis oder ein Mangel. Ein Hindernis stellt sich in den Weg: Es staut sich etwas oder Aktionslinien geraten durcheinander und bilden einen Knoten. Das wird als Druck erlebt. Daher der Ausdruck: Probleme lösen. Wenn der Druck oder der Knoten gelöst ist, kann man wieder frei atmen. Kurzschlusslösungen kommen wohl auch darum vor, weil man dieses Druck- und eventuelle Schuldgefühl so bald wie möglich loswerden will. Ein Mangel in der Arbeitswelt kann z.B. sein: fehlende Mittel, Fähigkeiten, Regeln, Menschen, Führung, Ideen.

Die Führungskraft klagt, ist also unzufrieden. Sie spricht von Druck (Überbelastung) und von (Personal-)Mangel. Druck oder Ohnmacht wird erlebt, solange man in der Problemsituation »verstrickt« ist und nur die schon bekannten Gegebenheiten sieht.

Wer sich aus der Stimmung der Unzufriedenheit lösen kann und sich mit Verwunderung fragt: »Was ist hier eigentlich los, warum ist es so, wie es ist?« – den hebt das auf eine Ebene, von der aus er unbefangen auf die Situation herabschauen kann. Das Handlungsproblem ist für ihn zunächst ein Erkenntnisproblem geworden. Dadurch wird Situationsanalyse möglich.

Oft kommt das »eigentliche« Problem erst im Laufe der Situationsanalyse zum Vorschein. In der Diagnose ist es dann ganz klar geworden (wie z.B. der »Organisationsstil der letzten 20 Jahre«). Das anfänglich formulierte Problem war dann ein Symptom und der Anlass für die Suche nach einer Lösung. Dieses Symptom sollte man ernst nehmen und als vorläufig formulierte Ausgangsfrage akzeptieren. Der Coach kann beobachten: wie formuliert sein Partner die Ausgangsfrage, wie geht er mit Problemen überhaupt um?

Tatsachen

Zugang zu Tatsachen entsteht durch »wahrnehmen« und »überprüfen«. Dabei wird sichtbar:

- was objektiv gegeben oder geworden ist – Dinge, Mittel, Daten, Zahlen, Abläufe, Gewohnheiten, Regeln, Strukturen und dergleichen.

- was subjektiv vorhanden ist, sich gebildet hat – Informationen (auch lückenhafte), Meinungen (auch Irrtümer), Gefühle, Beziehungen usw. von Menschen in der betrachteten Situation. Dies sind Tatsachen, soweit sie das Handeln bestimmen und äußere Tatsachen schaffen.

Ein Beispiel:

Ein Marketingchef kontraktierte mit einem Kunden die Lieferung von bestimmten Apparaten. Die Produktion des Modells war aber eingestellt und konnte nicht zeit-

gerecht wieder aufgenommen werden. Das hatte einen erheblichen Schaden für die Firma zur Folge. Der Irrtum ist also eine subjektive Tatsache, die zunächst zu konstatieren ist.

Die Aufzählung einzelner Tatsachen bringt nicht viel, es geht um ein überschaubares Bild, eine Art Landschaft, ein – zumindest vorläufiges – Ganzes. Was ist in dieses Bild aufzunehmen? Nur das, was im Hinblick auf die Problemstellung relevant erscheint.

Hintergründe

Zugang zu Hintergründen erfolgt durch »Hinterfragen« z. B.:

– was besagt dieses Bild, wovon ist es ein Ausdruck?

– was ist typisch, merkwürdig in dieser Situation, Organisation, Projekt usw.?

– warum ist es so gekommen, geworden. Durch welche Entscheidungen, Einrichtungen usw. in der Vergangenheit kam es dazu?

Wenn wir in der Stimmung der Verwunderung hinterfragen, nicht sogleich aus heutiger Sicht bewerten, dann werden Merkmale, Zusammenhänge, Ursachen erkennbar, zunächst als Hypothesen. Die Kunst ist, so wenig wie möglich hineinzuinterpretieren, sondern »sich aussprechen lassen«, heraushören, was innen, hinter, zwischen den Tatsachen ist. Das Tatsachenbild zeigt die »Oberfläche«, dasjenige was man von außen sehen kann. Die Hintergründe bringen ein »Relief« in das Bild, dasjenige, was man von innen her verstehen kann.

Zum obigen Beispiel vom Marketingchef:

– *die Bemühungen des Marketingchefs sind darauf gerichtet, die Wünsche der Kunden prompt zu befriedigen und bisherige Erfolge quantitativ auszubauen.*

– *der Produktionschef ist auf den letzten Stand der technischen Entwicklung eingestellt, da diese Entwicklung sehr schnell vor sich geht und die Konkurrenz auf dem Weltmarkt groß ist. (Er hatte darum den betreffenden Apparat aus der Produktion genommen.)*

– *Eine Nachricht über Veränderung der Produktion hat den Marketingchef nie erreicht, er hatte aber auch vor Abschluss des Kontraktes nicht nachgefragt.*

– *beide Abteilungen sagen, dass die jeweils andere Informationen nicht weitergibt oder sie berufen sich auf formale Abläufe, die unklar sind. Der eigentliche Hintergrund ist aber, dass beide Abteilungen Kontakt meiden. Die periodischen Meetings verlaufen formal korrekt, aber unter sich spricht jede negativ über Verhalten und Fähigkeiten des anderen.*

Der Hintergrund des zunächst festgestellten »Irrtums« ist also eine Konfliktsituation. Solche und ähnliche Zusammenhänge werden bei der Erörterung der Hintergründe erkennbar. In dieser Phase wird den Entscheidern bereits klar, dass eine gesonderte Lösung für diese Panne nur eine »Symptombekämpfung« wäre.

Das weist auf die zweite Klippe für die Entscheidungsfindung hin, nämlich dass nicht oder zu wenig nach Hintergründen gesucht wird. Das Symptom wird dann für die Diagnose gehalten, z.B. »der Marketingchef hat den Fehler gemacht«. Eine entsprechende Maßnahme würde dann auch keine Lösung für das eigentliche Problem bringen. Der Coach kann durch Fragen diesen Suchprozess anregen und auch – nur nicht am Anfang – mögliche Hypothesen von sich aus ins Gespräch bringen.

Diagnose

Die Diagnose ergibt sich durch Zusammenschau

- der für die Entscheidung relevanten Tatsachen, Zusammenhänge und Hintergründe
- des wesentlichen Problems und der daraus hervorgegangen sekundären Probleme und Symptome, für die Lösungen zu suchen sind.

Damit ist die »Bildgestaltung« zu einem aussagekräftigen Abschluss gekommen. Diagnose bedeutet »durch-schauen« – nicht: dem Zustand einen Namen geben! Ist eine solche Diagnose durch die in und für die Situation verantwortlichen Personen – mit Hilfe eines Coach – erarbeitet, dann stellen diese oft erstaunt fest, dass sie die Situation, in der sie tätig sind, jetzt erst wirklich verstehen. Sie sind dann motiviert und fähig geworden, Hindernisse und Mängel, die aus der Struktur und Kultur des Systems hervorgegangen sind, anzugehen und positive Entwicklungen einzuleiten. Diesen »Bewusstseinsschub« bewirkt eine externe Organisationsuntersuchung selten. Wie könnte die Diagnose im obigen Beispiel aussehen?

Der untergründige, nicht eingestandene Konflikt zwischen Produktion und Marketing ist wahrscheinlich darauf zurückzuführen, dass das Unternehmen früher durch Jahre von einem technischen und einem kaufmännischen Direktor geleitet wurde, die beide zur »Familie« gehörten und zwischen denen eine gewisse Rivalität herrschte. Inzwischen ist das Unternehmen gewachsen und mehrere Reorganisationen haben stattgefunden, aber in der Kultur der Bereiche wirkt diese Unternehmensgeschichte noch nach. Der Coachingkunde, in diesem Fall der Marketingchef, war sich durch diese Situationsanalyse klar geworden, in welcher Situation er sich in diesem Unternehmen befand und in welcher Richtung daher Lösungen zu suchen wären, die er vorher nicht erwogen hätte.

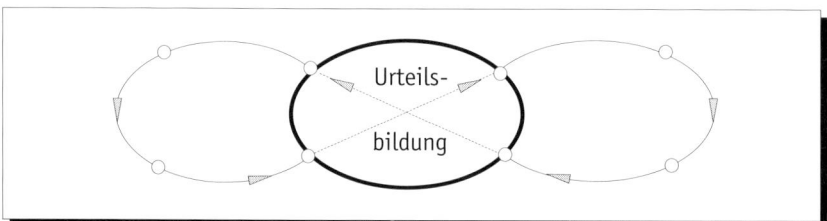

Abbildung 4: Das Element der Urteilsbildung

Urteilsbildung

Mit der Diagnose bin ich bzw. sind »wir« – die Entscheider – wieder an der Grenze von der Außenwelt zur Innenwelt angekommen. Als Mitarbeiter/Führungskräfte sind wir Teil der Situation, gehören dazu. In der Entscheider-Position haben wir die Situation als Zuschauer aus der Vogelperspektive angeschaut und analysiert. Jetzt ist die Frage: Wie geht es uns mit dem gefundenen Bild, wie stehen wir als Menschen dazu? Es ist gut, da innezuhalten und nicht gleich in die Entscheidungsfindung einzusteigen. Hat die Diagnose unsere Vermutungen bestätigt oder uns überrascht? Sind wir enttäuscht oder erleichtert?

Die Urteilsbildung geht dann über zu Fragen wie: Wollen wir einige Verbesserungen einleiten oder sind wir überzeugt, motiviert eine notwendige, eher langfristige Entscheidung für unsere Abteilung, Bereich usw. zu treffen? Legt die Diagnose nahe, dass mehrere Entscheidungen/Maßnahmen zu treffen sind, welche haben dann Priorität? Das kann dazu führen, über mögliche Alternativen des Vorgehens nachzudenken, um im nächsten Treffen die Entscheidungsfindung anzugehen.

Mit »Urteilsbildung« ist hier insbesondere gemeint: Bildung von »Werturteilen«. Ein Urteil im weiteren Sinne ist eine Aussage entweder darüber:

- was ist, was ich vorfinde und konstatiere oder
- welche Bedeutung das für mich hat, wie ich es erlebe,
- welche Gefühle es bei mir auslöst, was es mir wert ist oder
- was zu tun ist, was ich ändern will.

Diese drei Arten kann man nennen:

- Tatsachenurteil oder Wahrnehmungsurteil
- Werturteil oder Beziehungsurteil
- Willensurteil oder intentionales Urteil.

Für die Situationsanalyse sind alle Aussagen in der Form von Tatsachenurteilen wesentlich. Hier geht es um Werturteile und in der anschließenden Entscheidungsfindung führen die Willensurteile zur Entscheidung hin.

Zur Entschlussbildung gehören:

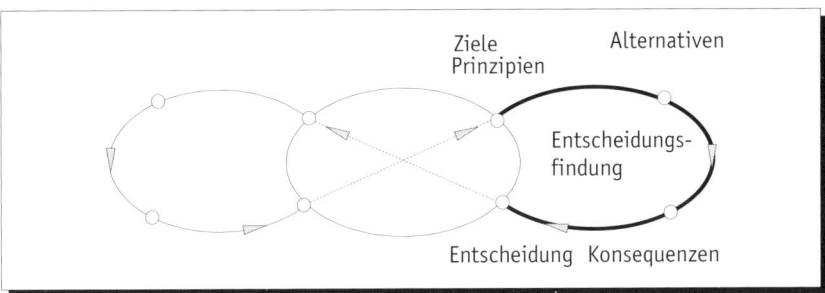

Abbildung 5: Elemente der Entscheidungsfindung

Prinzipien

Die Entscheidungssuche geht von der Frage aus: Welches Leitbild, welche Prinzipien und Ziele wollen wir dieser Entscheidung zugrunde legen? Nach einer Diagnose sind diese Fragen nicht mehr fernliegend und abstrakt. In der vorangehenden Diagnose wurde nämlich klar, welche (impliziten) Prinzipien und Ziele zur bisherigen Arbeitsweise, Struktur, Einrichtungen usw. geführt haben.

Zum Beispiel:

Die Abteilung des Coaching-Kunden wurde damals (»eigentlich«!) eingerichtet, um eine einflussreiche Persönlichkeit »wegzupromovieren«. Der betreffende Chef wusste das gar nicht, versteht jetzt aber plötzlich, warum bestimmte merkwürdige Schwierigkeiten in und um die Abteilung immer wieder auftauchten. Solche Erkenntnisse helfen, klar zu formulieren »wie wir so etwas in Zukunft handhaben wollen«, welchen »prinzipiellen Kriterien« die Entscheidung entsprechen soll.

Es kann sein, dass einige bestehende Prinzipien oder Ziele in der Urteilsbildung als vernünftig, noch immer sinnvoll angesehen werden und der anstehenden Entscheidung zugrunde gelegt werden. Diese sind nun aber (wieder) bewusst geworden und können allen Betroffenen vermittelt werden. Das trägt zum Verständnis und der Akzeptanz von Entscheidungen bei. Prinzipien gelten nicht nur für einmalige, sondern oft auch für weitere Entscheidungen.

Alternativen

Die Suche nach und Bearbeitung der Alternativen kann wie folgt verlaufen:

- Aussprechen, Sammeln und Notieren der möglichen Alternativen, ohne diese zu bewerten und zu diskutieren. Jeder Einfall – auch wenn er auf den ersten Blick nicht wünschenswert oder unmöglich erscheint – kann Ideen und Elemente enthalten, die zu einer guten Lösung führen.

- Jede Alternative anhand der Prinzipien und Ziele überprüfen. Eliminiert werden diejenigen, die die prinzipiellen Kriterien deutlich nicht erfüllen. Zum Beispiel »der gute Ruf der Firma würde Schaden leiden« oder: »dieser Vorschlag widerspricht unserem dritten Leitsatz«.

- Zu jeder der übrigen Alternativen die möglichen Folgen erörtern. Alternativen oder Varianten, die aufgrund gegebener Tatsachen – soweit diese nicht veränderbar sind – unmöglich sind, können ebenfalls »eliminiert« werden.

- Die Grenze der Fakten kann man nicht überschreiten, die der Prinzipien will man nicht überschreiten. Zwischen diesen Grenzen befinden sich die Alternativen, für die Vor- und Nachteile abzuwägen sind. Manchmal lassen sich Aspekte von Alternativen so kombinieren, dass eine optimale Lösung erreicht wird, an die zuvor noch niemand gedacht hat.

Das gilt auch bei einer individuellen Entscheidungssuche. Der Entscheider führt dann einen Dialog mit sich selbst. Diese Phase ist die kreativste im gesamten Prozess. Der Coach sollte dazu anregen, der Phantasie freien Lauf zu lassen und dann erst die Vorschläge zu überprüfen – aber bis zuletzt sind kreative Einfälle zuzulassen. Auch ist es z.b. möglich, dass die Teilnehmer im Prozess (symbolische) Bilder zeichnen, in denen sie den Eindruck, den die besprochenen Alternativen auf sie machen, zum Ausdruck bringen und sich darüber austauschen.

Konsequenzen

Der Prozess der Entscheidungssuche ist eigentlich ein Pendeln zwischen Alternativen, Prinzipien und Konsequenzen, ähnlich wie das der Fall sein kann bei der Situationsanalyse zwischen Problem, Tatsachen und Hintergründen. Konsequenzen sind eigentlich die konkreten Tatsachen in der Zukunft. Im Bild der »Schleife« stehen sie den »Tatsachen« der bestehenden Situation gegenüber – so wie übrigens die Wahl der Alternative den »Hintergrund« für die zukünftige Situation bildet und Prinzipien die Antwort sind auf die Diagnose.

Diese Phase kann sich für die Entscheidungsfindung als kritisch erweisen. Menschen können **Wünsche** in bezug auf Konsequenzen oder Befürchtungen vor Konsequenzen haben. Soweit diese sich auf sachliche Aspekte beziehen, werden sie offen besprochen. Entscheidungen für eine Organisation haben oft aber auch Folgen für Personen und Gruppen. Eine Alternative z. B. im Falle einer vorgeschlagenen Reorganisationsalternative mit Neubesetzung einiger Funktionen: *diese kann für Frau Meyer einen lang gehegten Wunsch erfüllen, für Frau Müller bedeutet sie dagegen (vielleicht!) geringere Aufstiegschancen. Solche Konsequenzen werden nicht immer ausgesprochen, können aber Anlass sein zu scheinbar sachlichen Argumenten und unfruchtbaren Diskussionen. Frau Meyer beurteilt die Konsequenzen dieser Alternative positiv, Frau Müller sieht vor allem die Schwierigkeiten. Wie auch die Entscheidung ausfällt, es bleibt etwas Ungelöstes zurück, das die Entscheidung, die Durchführung und das Klima beeinträchtigt.*

Der Coach kann da helfen, indem er – »wie selbstverständlich« – zu den Alternativen die Frage stellt, welche persönlichen Folgen diese für wen »haben könnten« und wie diese Folgen erlebt werden. Wird darauf mit Verständnis eingegangen, dann lässt sich oft ein Dilemma lösen durch begleitende Maßnahmen, oder es wird für einen nicht vermeidbaren Nachteil eine akzeptable Kompensation gefunden. Der Weg zu einer einmütigen, gemeinsamen Entscheidung ist dann frei geworden.

Entscheidung

Es ist jetzt so weit, den Entscheidungsprozess abzuschließen, also etwas zu »beschließen«. Es wird ausgesprochen, formuliert und schriftlich festgelegt, was wie in Zukunft sein soll bzw. erreicht werden soll. Das bedarf einer Erläuterung, die auf die Ergebnisse der neun Stufen des Entscheidungsprozesses aufgebaut werden kann.

Kurz dargestellt z.B. wie folgt:

- welche Alternativen erwogen wurden, aufgrund welcher Prinzipien und Konsequenzen der Beschluss zustande kam (das ist als Information wichtig fur Betroffene, die nicht beteiligt waren – sonst hört man Aussagen wie: »die haben ja nicht daran gedacht, dass ...)

- zu welcher Diagnose, aufgrund welcher Tatsachen und Hintergründe die Situationsanalyse geführt hat

- welche Umstände und Fragestellungen Ausgangspunkt für die Entscheidung waren.

Dieser Rückblick gibt den Organisationsmitgliedern ein klares Bild von der Bedeutung der erreichten Entscheidung. Eine so gewissenhafte Berichterstattung braucht nur von Zeit zu Zeit bei wichtigen Entscheidungen stattzufinden. So etwas wird das Vertrauen in die Problemlösungs- und Entscheidungsfähigkeit einer Projekt- oder Führungsgruppe wesentlich erhöhen und das künftige Mitdenken fördern.

Dieser »Beschluss« (Konklusion) schließt einen Gedankenweg ab. Es ist dann noch ein »Entschluss« nötig, d.h. die Zukunft öffnen und vorauszuschauen. Entscheiden heißt eben nicht nur wissen, was gewollt wird, sondern auch aktiv werden und das Beschlossene realisieren. Manches ist schon in Sitzungen oder hinter dem Schreibtisch sogenannt »entschieden« und dann »verabschiedet« worden, das kann bedeuten: vergessen und das Weitere anderen überlassen. Es versickert dann irgendwie in der Wirklichkeit.

Die Entscheidung wird zur Zielsetzung der Durchführung. Sie findet ihr Ende erst, wenn sie zur Gänze verwirklicht ist. Darum sollte als Grundregel beachtet werden: Wer entscheidet (Person oder Gruppe), nimmt die Verantwortung auf sich, nicht nur für die inhaltliche Richtigkeit, sondern auch für die Realisierung der Entscheidung. Vieles kann dann delegiert werden, aber nicht die Gesamtverantwortung. Delegieren ist etwas anderes als verabschieden oder beauftragen.

Das findet seinen Ausdruck darin, dass im direkten Anschluss an die Entscheidungsfindung verabredet wird:

- wer welche Aufgaben oder Projekte für Entwicklung, Planung, Prozessgestaltung und/oder Durchführung von Teilaspekten der Entscheidung übernimmt;

- eine (vorläufige) Zeitstruktur: was bis wann fertig sein sollte, wann Zwischenauswertungen über den Fortgang bzw. der Endbericht in die Entscheidungsgruppe getragen werden; sonstige für den Verlauf notwendige Verabredungen.

Dadurch werden die Mitwirkenden motiviert, und die Entscheidung kann in relativ kurzer Zeit wirksam werden.

Der Coach kann viel dazu beitragen, das Bewusstsein der Entscheider dafür zu wecken, dass die Entscheidungsfindung bis zum Ende durchzugestalten ist, um zu guten, akzeptierten und wirksamen Entscheidungen zu kommen. Die Entscheidung ist dann eine wirkliche Antwort geworden auf die Ausgangsfrage – das Problem.

Der Gesamtprozess

Zum Abschluss noch einige Merkmale des ganzen Problemlösungs- und Entscheidungsvorganges und damit zusammenhängende Hinweise für die Praxis.

1. Probleme lösen oder entscheiden?

Problemlösung und Entscheidungsfindung folgen denselben Weg. Vom Ausgangspunkt, dem Problem her gesehen, ist es ein Weg der Problemlösung, vom Endpunkt her ein Weg der Entscheidungsfindung. Von Problemlösung sprechen wir üblicherweise, wenn Umstände in der gegebenen Situation als bedrängend erlebt werden, für die eine Lösung zu suchen ist. Von Entscheidung sprechen wir eher, wenn die Vorstellung einer zukünftigen Situation im Vordergrund des Bewusstseins steht.

2. Einfache oder komplizierte Entscheidungen

Bei einer einfachen Entscheidung verläuft dieser Prozess unkompliziert und schnell, bei einer komplexen Situation entsprechend systematischer, sorgfältiger und länger.

Doch wird in jedem Falle der beschriebene Prozess – nur selten bewusst – durchlaufen. Jeder Entscheider »hat« ein Bild der Situation oder glaubt zumindest, es zu haben oder er vergewissert sich kurz einiger Daten. Er »hat« seine Kriterien und Prioritäten oft kaum reflektiert – und wendet sie an, verwirft eine Alternative vielleicht mit einem Blick und entscheidet sich.

Eine Falle dabei kann sein, dass das anscheinend einfache Problem nicht so einfach ist, dass der Entscheider bestimmte Tatsachen der Situation nicht kennt, die Frage nach einer dritten Alternative nicht stellt usw. und so zu einer Fehlentscheidung kommt, die »sein« Problem vielleicht vorderggründig »löst«, aber neue Probleme schafft.

3. Ist Diagnose immer notwendig?

Schnell entscheiden ist bequemer und gilt außerdem als Fähigkeitsmerkmal für Manager in der westlichen Welt. Diese Neigung wird auch unterstützt durch das Vorurteil: »Ich kenne doch meine Situation«. Zeitsparen bei der Entscheidungsvorbereitung wird durch nicht bedachte Konsequenzen, Pannen und Verzögerungen bei der Umsetzung mehr als wettgemacht. Der japanische Entscheidungsstil und dadurch angeregte Untersuchungen in Europa haben das eindrucksvoll erwiesen. Sogar bei einfach erscheinenden Problemen kommt das vor – siehe die soeben genannte Fälle.

4. Die acht »Phasen«: eine logische, nicht notwendig zeitliche Folge

Die beschriebenen Phasen oder Stationen sind nicht unbedingt nacheinander abzuhandeln. Das zuvor erwähnte »Pendeln« zwischen Problem, Tatsachen und Hintergründen und zwischen Prinzipien, Alternativen und Konsequenzen legt das schon nahe. Wo z.b. aktionsorientierte Entscheider schon Lösungsvorschläge mitbringen, die sie gerne rasch anbringen wollen, kann man nach einer vorläufigen Formulierung des Problems Alternativen sammeln. Um diese zu beurteilen, muss aber auf Elemente der Situationsanalyse zurückgegriffen werden. Wir sprechen darum nicht immer von Phasen, sondern von »Elementen«, die jede eine besondere Qualität haben. Dabei kommt es darauf an, dass die Entscheider ein Bewusstsein davon entwickeln, wo jede Aussage »hingehört«, d.h. ob sie eine Tatsache, eine Deutung, Vermutung, ein Prinzip, eine Konsequenz usw. ausspricht. Aussagen können vermischt und mehrdeutig sein. Das oben genannte Beispiel: Eine Führungskraft ist mit ihrer Arbeit ständig im Rückstand und klagt über Personalmangel«, ist dafür charakteristisch. Diese Aussage enthält ein Problem, eine Tatsache (Rückstand), ein Gefühlsurteil (klagt), einen Hintergrund (Personalmangel) und einen impliziten Lösungsvorschlag. Der Coach oder ein Teilnehmer kann darauf aufmerksam machen und nachfragen, was (genau) gemeint ist. Werden z.B. gerade »Tatsachen« erörtert: wo, wann, wie oft, gibt es einen Rückstand, dann werden die anderen Elemente der Aussage (sichtbar) notiert – vom Coach oder einem Teilnehmer –, so dass diese im Zusammenhang von Hintergründen, Alternativen usw. besprochen werden können.

5. Bereitschaft zu suchen, macht finden erst möglich

Entscheidungsfindung erfordert eine Gesprächskultur, in der Aussagen nicht sogleich widersprochen, sondern hinterfragt werden. Hinter jeder Aussage stecken nämlich Erfahrungen oder Kriterien, durch die – wenn sie bewusst geworden sind – die Aussage verständlich wird. Es zeigt sich dann, dass an jeder Meinung »etwas dran ist«, dass es ein brauchbares Element enthält. Sogar aufgedeckte Irrtümer führen zu Erkenntnissen, die aufschlussreich sind. Es werden dann Urteile nicht mit den Personen und deren Wert oder Unwert verbunden, sondern als »subjektive Tätsachen« behandelt. Es braucht sich dann niemand zu rechtfertigen. Es sollte darum jeder, der etwas vorbringt, dies von vornherein als vorläufig, ergänzbar oder korrigierbar ansehen, und es sollte auch nicht von anderen erwartet werden, dass sie die Lösung schon haben sollten. Daraus verdichtet sich dann das Bestmögliche, das diese Gruppe hervorbringen kann. Wo das nicht der Fall ist, kann es sein, dass Teilnehmer versuchen, den Prozess dahingehend zu manipulieren, dass die Gruppe die eigene Zukunftsvorstellung – ungenügend überprüft – akzeptiert. Die besten Entscheidungen sind die, die auf der Grundhaltung aller Teilnehmer beruhen, bis zuletzt nicht zu wissen, was die richtige Entscheidung ist! Auch wenn sie die beste Lösung vermuten, bleiben sie offen dafür, das noch etwas ganz anderes herauskommen könnte. Dann kann es passieren, dass, nach einer vielleicht mühsamen Sucharbeit, plötzlich eine Intuition auftaucht, von der jeder spontan sagt: »Das ist es!«

6. Situationsanalyse und Entscheidungssuche sind ein Projekt, also Arbeit und Leistung

Manche meinen, dass Urteilsbildung über Probleme oder Änderungen eigentlich von »der Arbeit« abhält. Zu dieser Meinung tragen unter anderem lange oder unfruchtbare »Sitzungen« – eine Folge dilettantischer Problembehandlung und Entscheidungsvorbereitung – bei. In der Facharbeit ist man »zu Hause« und erlebt auch hier Erfolge. Ein Grund um Sitzungen und »nutzlose Diskussionen« zu umgehen, z.B. mit der Begründung: »keine Zeit«. In Wirklichkeit ist die Arbeit an Bildgestaltung, Urteilsbildung und Entscheidung ein wesentlicher Beitrag zur Leistung der Organisations(-einheit).

7. Problemlösungs- und Entscheidungsfähigkeit sollte und kann erworben werden

Wer einige Male durch den Prozess gegangen ist – mit Hilfe eines Coach – und die Elemente von der Problemstellung bis zur Entscheidung berücksichtigt und verstanden hat, erwirbt die Fähigkeit – auch in dringlichen Fällen – in kürzerer Zeit und treffsicherer, ein Problem zu lösen bzw. zu einer Entscheidung zu kommen. In berufsvorbereitenden Ausbildungen wird diese Fähigkeit ja kaum beachtet, obwohl die Abiturienten im Arbeitsleben – in dem ständig Veränderungen stattfinden – beinah täglich Probleme lösen oder darin mitwirken müssen, nicht nur als Führungskräfte.

Wie kann ein Coach diesen Prozess begleiten?

Es gibt zwei mögliche Formen:

1. Den Hauptverantwortlichen (Chef, Projektleiter, Initiativträger usw.) vorbereitend oder begleitend coachen, so dass dieser die Entscheidungssuche professioneller und mit größerer innerer Sicherheit leiten kann (individuelles Coaching).

2. Die Entscheidergruppe coachen (Team-Coaching).

Das Letztere kann – anschließend an das individuelle Coaching – auf Wunsch des Chefs geschehen. Team-Coaching ist mehr als moderieren, das Methoden und Hilfsmittel für den Prozess zur Verfügung stellt, aber sich von der inhaltlichen und willentlichen Arbeit frei hält. Ein Coach fühlt sich mitverantwortlich für den

Prozess und die Leistung der Gruppe, er ist – obwohl für die schlussendliche Entscheidung nicht verantwortlich – voll in der Arbeit drin. Zugleich aber beobachtend, aufmerksam machend, hinweisend, ratend, helfend aus der Übersicht des Ganzen.

Dadurch ermöglicht der Coach seinen Kunden und der Gruppe einen intensiven **Lernprozess,** durch den die Fähigkeit wächst, schwierigere Probleme anzugehen und Entscheidungen herbeizuführen und die dazu notwendigen menschlichen Voraussetzungen – wie Initiative, methodisches Vorgehen und Übersicht, innere Ruhe, Mut und Entscheidungsfähigkeit zu stärken.

4.5 Wer entscheidet?

Zuletzt noch einige Worte zu der am häufigsten besprochenen Frage: Wer sollte, muss, darf, ist berechtigt zu entscheiden und wer nicht? Oder: was ist vernünftiger, besser, effizienter: Einzel- oder Gruppenentscheidungen? Diese Fragen sind einerseits nur jeweils für die konkrete Situation zu beantworten. Andererseits hängt die Antwort von der »Kultur« einer Gruppe, einer Organisation und deren gesellschaftlichem Umfeld ab. Dieses Thema ist traditionell oder ideologisch mehr oder weniger besetzt.

Der Coaching-Kunde kann mit einer diesbezüglichen Frage an den Coach herantreten, z.B. inwieweit er andere in die Entscheidungsfindung einbeziehen sollte und wen. Der Coach wird dann die konkrete Situation, die Kultur – die vielleicht widersprüchlich ist und persönliche Gefühle und Urteile – die vielleicht ambivalent sind – hinterfragen. Es ist in dieser Situation hilfreich in bezug auf das Beteiligtsein zu unterscheiden zwischen: **mitwissen, mitdenken und mitentscheiden.**

Nicht alle wollen mitentscheiden, wenn dies Verantwortung, nicht Wunscherfüllung bedeutet. Die meisten wollen aber mitwissen, was, warum, aufgrund welcher Tatsachen und Erwägungen entschieden ist, besonders wenn sie vorher gefragt wurden, zur Bildgestaltung über die heutige Situation beizutragen. Einige möchten auch mitdenken, d.h. ihre Ansichten, Bedenken und Vorschläge einbringen und die anderer mitbeurteilen. Aber wer darf, sollte, kann mitentscheiden? Der Initiator oder Chef darf und sollte – ob er kann, hängt davon ab, ob er für die Entscheidung »gerade stehen« will – die Verantwortung für die Umsetzung auf sich nehmen und diese durchführen so gut er kann. Das gilt auch für einen »Mitentscheider«.

Entscheiden kann nur ein Individuum! Das heißt, wird ein Teilnehmer in der Entscheidungssuche durch die »Kraft der Gruppe« mitgenommen, dann sagt er – bewusst oder unbewusst – ja zu einem Beschluss. Das ist bei etwas größeren Gruppen (5 oder mehr) fast immer der Fall. Er entscheidet dann nicht autonom, sondern er entscheidet nach der Gruppenmeinung. Darum wird er keine Verantwortung »tragen«, weil er sich selbst tragen lässt. Die Frage an einen Teilnehmer, ob er die Entscheidung auf sich nehmen würde, wenn die anderen nicht mehr da wären, würde sichtbar machen, ob er ein »Entscheider« ist. Das wäre vergleichbar damit, dass ein Orchestermitglied gefragt würde, ob es die Rolle des erkrankten Solisten oder des Dirigenten übernehmen will.

Der Coach kann seinen Gesprächspartner dazu auffordern – mit diesem Bild im Hintergrund – die betreffenden Mitarbeiter und Kollegen vor seinem geistigen Auge vorbeiziehen zu lassen. Es wird dann – nach meiner Erfahrung – ein charakteristisches Bild von Personen gezeichnet und welche Rolle und Verhalten von ihnen zu erwarten ist. Aus »Entscheidern« und »Mitdenkern« kann dann eine »Projektgruppe« für die Umsetzung der Entscheidung gebildet werden, die Personen aus einem weiteren Kreis (zeitweise) in die Bildgestaltung einbeziehen können. Die Erfahrungen dieser Teilnehmer in der Entscheidungsvorbereitung können fruchtbar in der Realisierungsphase werden: Die »Mitdenkenden« werden dann »Mitgestaltende« (planend, organisierend), die »Mitwissenden« zu »Mitwirkenden«. Der Entscheider ist dann der »Projektleiter Umsetzung«.

Während der Entscheidungsvorbereitung verengt sich also die Beteiligung im Prinzip, während der Umsetzung erweitert sie sich wieder. Verengen und erweitern auch in dem Sinne, dass die vielen Gesichtspunkte, Alternativen usw. sich zu einer entscheidenden Aussage verdichtet haben und andererseits eine eindeutige Zielvorstellung zu einer Anzahl von Entwicklungsvorhaben und Maßnahmen erweitert wird. Die Entscheidung ist dann das »Nadelöhr«, der kritische Punkt, wo der »Denkweg« an sein Ende gekommen ist und der »Handlungsweg« anfängt. Das verweist noch einmal zurück zum Anfang dieses Kapitels: Entscheidung bedeutet eigentlich Krise. Wer die Krise als Herausforderung annimmt, der entscheidet!

Die Aufgabe des Coach ist nicht zu bewirken, wer die Entscheidung nehmen darf oder soll – das ist eine Rechts- bzw. Befugnisfrage – sondern den Coaching-Partner und/oder die zu betreuende Gruppe zu ermutigen und zu befähigen, die Herausforderung anzunehmen und zu Ende zu führen.

5. Coaching im Management Development

Franz Biehal

5.1 Neue Lernformen im Management Development

Management Development, also die gezielte Förderung und Entwicklung von Führungskräften, geht seit einigen Jahren radikal neue Wege. Die bloße Anhäufung von Seminareinheiten zu einem Programm entspricht der Entwicklungsstufe der siebziger Jahre. Mangelnde Verknüpfung mit der eigenen betrieblichen Praxis, geringe Umsetzungswahrscheinlichkeit und methodische Einseitigkeit sind Kennzeichen der mittlerweile überholten Gewohnheiten.

Zeitgemäßes Management Development orientiert sich an folgenden Leitlinien:

- weitgehende Integration von Lernen in seminaristischer Form (off-the-job) und Lernen am Arbeitsplatz (on-the-job)

- umsetzungsorientiertes Projektlernen, das heißt Lernen an konkreten, praxisrelevanten Anwendungsaufgaben

- konsequente Ableitung der Lerninhalte aus der aktuellen und zukünftigen Unternehmenssituation

- Verknüpfung des Lernens mit Vorgesetzten und Arbeitskollegen

- Individualisierung des Lernweges, maßgeschneiderte Abstimmung auf den oder die Adressaten

- Fokus auf Verhaltens- und Persönlichkeitsdimensionen, die allerdings nicht in vornehmlich kognitiver, also seminaristischer Form vermittelt werden, sondern durch Thematisierung des eigenen Alltagshandelns

- kreative Nutzung neuer Lernformen wie Computer Based Training (CBT), Lernen im Team, Outdoor Trainings, Lernen in Simulationen und Planspielen etc.

- kurze Lernzyklen mit differenzierten Feedbacks zur Feinsteuerung, z.B. durch Self-Assessments, Förder-Assessments, 360-Grad-Feedback etc.

- Lernen von den eigenen Zielgruppen und Kunden durch »Marktforschung im Prozess«, Kundenkonferenzen etc. und Mitsteuerung des Lernprozesses durch diese Stakeholders.

5.2 Verknüpfung von Lernen on- und off-the-job

Das tägliche Handeln am Arbeitsplatz soll Thema und Reflexionsebene für das Lernen werden. Die Praxiserfahrungen sollen bewusst gemacht und durch Diagnose und Reflexion einordenbar werden in Konzepte und Modelle. Diese Überleitung kann in beschränktem Maß auch in Seminaren und Workshops erfolgen. Ihre Grenze erfährt sie dort durch die Gruppengröße und die beschränkte Zeit – so wird die Thematisierung der eigenen Praxis sich immer nur auf die Beispiele weniger Teilnehmer beschränken können.

Wirklich ergiebig wird diese Verknüpfung beider Lernformen aber nur, wenn sie kontinuierlich und personenbezogen erfolgt. Damit wird es notwendig, dem einzelnen Menschen Gelegenheit zu geben, seine Praxiserfahrungen, Probleme, Erfolge und Misserfolge, individuell zu besprechen und dem expliziten Lernen zugänglich zu machen. Diese Anforderung ruft bereits nach der Methodik des Coaching, das genau das ermöglicht: Reflexion des eigenen Alltagshandelns, Durchspielen schwieriger Situationen, Auseinandersetzung mit widersprüchlichen Anforderungen auf individueller, personenbezogener Basis.

5.3 Personalisierung des Lernpfades: Jeder Teilnehmer ist ein Projekt

Im Management Development alle über einen Kamm zu scheren, das heißt, jeder Person das gleiche Entwicklungsprogramm zu verordnen, wird dem Individuum und seinen jeweiligen, hochpersönlichen Bedürfnissen nicht gerecht und bringt große Streuverluste mit sich, weil vielen vieles geboten werden muss, was aber für manche denkbar unpassend und überflüssig ist. Bislang scheiterten maßgeschneiderte, individualisierte Lernpfade, die diese Mängel beheben, an der logistischen Undurchführbarkeit und der Befürchtung, ein solches System werde nicht mehr handhabbar und zu aufwendig.

Mittlerweile wurde in vielen Fällen und Praxisbeispielen das Gegenteil bewiesen: individuelle Lernpfade sind sehr wohl auch in großer Zahl zu organisieren, bedeuten einen rationelleren, punktgenauen und daher ökonomischen Mitteleinsatz und heben die Lernmotivation beträchtlich, weil sie der Person und ihren Bedürfnissen in hohem Maß gerecht werden.

Auf diese Art wird jede Teilnehmerin, jeder Teilnehmer eines Management Development Programmes zum Projekt. Einzigartig und unverwechselbar werden

- die individuellen Stärken und Schwächen erhoben
- die persönlichen Lern- und Entwicklungsfelder identifiziert
- der persönliche Lernpfad entwickelt und maßgeschneidert konzipiert
- der Lernfortschritt individuell überprüft und evaluiert
- das Lernprogramm laufend angepasst.

5.4 Persönlichkeitsentwicklung als Katalysator eines Entwicklungsprogramms

Das Anforderungsprofil an Führungskräfte umfasst mehr Verhaltens- und Persönlichkeitsdimensionen als fachspezifische Kriterien. Dies gilt umso mehr, je höher die hierarchische Position bzw. je generalistischer die Führungsfunktion angelegt ist. Auch der Nutzungsgrad von vorhandenem Fachwissen und von angehäufter Berufserfahrung ist in hohem Maß von dem Multiplikator einiger Persönlichkeitsdimensionen abhängig. Akzeptanz bei höheren Vorgesetzten, bei Mitarbeitern und Kollegen, die Fähigkeit zur Umsetzung und Durchsetzung wird nicht so sehr von Fach-Know-how bestimmt als von Eigenschaften wie Teamfähigkeit, Kommunikations- und Kooperationsvermögen.

Damit wird die Persönlichkeitsentwicklung von Führungskräften zum Engpassfaktor für den Erfolg ganzer Management Development Programme. Persönliche Eigenschaften fungieren gleichsam als Katalysator, die alle anderen Kompetenzen einer Person erst wirksam werden lassen. Die Abrundung und Weiterentwicklung der Persönlichkeit ist wiederum eine Sache, die in hohem Maß in der Dialogform des Coaching unterstützt und gefördert werden kann.

So verlangen zeitgemäße Anforderungen an ein Management Development Programm die Integration der Lernform Coaching in ein solches Programm. Mit ihrer Hilfe kann

- Lernen on- und off-the-job in idealer Weise verknüpft werden,

- das Lernen individualisiert und für jede Person maßgeschneidert werden,

- direkt und ohne Umwege an der Persönlichkeitsentwicklung gearbeitet werden.

In den folgenden Abschnitten sollen einige konkrete Beispiele aus der Praxis unserer Beratungs- und Begleitungsarbeit dargestellt werden, bei denen Coaching in das Management Development erfolgreich integriert wurde.

Beispiel 1: Förder-Assessment mit integriertem Coaching

Ein als Fördermaßnahme konzipiertes und angewendetes Assessment Center (AC) dient im Rahmen eines Management Development-Programms (MD-Programm) als Potenzialanalyse und Standortbestimmung für die Teilnehmer. Es verfolgt folgende Ziele:

- Die Teilnehmer sollen durch die Teilnahme am AC ein klareres Bild über eigene Stärken, Schwächen und Entwicklungsfelder erhalten.

- Die Teilnehmer sollen durch sorgfältig aufbereitetes Feedback der Beobachter ihr Selbstbild mit einem fundierten Fremdbild konfrontieren können.

- Die Teilnehmer sollen durch individuelle Entwicklungsempfehlungen, die sie im Zuge des Feedbacks erhalten, ihren weiteren Lernpfad klar erkennen können.

- Das Unternehmen soll durch die Gesamtergebnisse klare Hinweise für die weitere Gestaltung und Schwerpunktsetzung des Management Development Programms erhalten.

- Schließlich soll das Unternehmen auch eine Zwischenbilanz über vorhandene Potenziale erhalten, die bei künftigen Stellenbesetzungen berücksichtigt werden sollen.

Die Verknüpfung mit dem nachfolgenden, individuellen und gemeinsamen Entwicklungsweg der Teilnehmergruppe kann durch Coaching in idealer Weise unterstützt und abgesichert werden. Im konkreten Fall eines großen Industriebetriebes rekrutieren sich die Beobachter des Assessments jeweils zur Hälfte aus internen, oberen Führungskräften und aus externen Personalentwicklungs-Experten, die von der Beratungsfirma zur Verfügung gestellt werden.

Jeder Teilnehmer hat während des AC durchgehend ein Beobachter-Duo, das sich aus einem internen und einem externen Beobachter zusammensetzt. Damit ist eine gute Mischung von Vertrautheit mit der vorhandenen Unternehmenskultur und fachlicher Professionalität auf dem Gebiet der Personalentwicklung gewährleistet. Beide Beobachter geben gemeinsam am Ende des AC ausführliches Feedback. Der oder die externe Beobachter ist in weiterer Folge Coach für den jeweiligen Teilnehmer. Aufgabe des Coach ist es, anknüpfend an den Ergebnissen und Feedbacks des AC, die weiteren Lernschritte des Teilnehmers zu begleiten und zu unterstützen.

Die Teilnehmer vereinbaren individuell Termine, Frequenz und Häufigkeit des begleitenden Coaching, nehmen dieses aber verbindlich für die Zeit ihrer Teilnahme am Programm in Anspruch. Es bildet Teil ihrer jährlichen Entwicklungsvereinbarung im Rahmen des Mitarbeitergesprächs, und sie liefern den internen Personalentwicklern, die das Programm begleiten, einen jährlichen Bericht über Inhalte und Lernerfahrungen aus diesem Coaching.

Entstanden ist diese Form des Coaching als »verlängertes Feedback« ursprünglich durch zahlreiche Nachfragen von Teilnehmern eines MD-Programms, die von sich aus vertiefende Follow-up Gespräche mit ihren Beobachtern gesucht hatten. Ergiebige, sorgfältige und aussagekräftige AC-Feedbacks sind der ideale Anknüpfungspunkt für eine solche Weiterführung. Ein gutes AC-Feedback ist nämlich bereits als Coaching-Gespräch angelegt und führt damit dem Teilnehmer Form und Nutzen eines solchen Gesprächs deutlich vor Augen.

Nach unseren Erfahrungen werden diese Coachings in unterschiedlichem Ausmaß in Anspruch genommen, wenn sie auf freiwilliger Basis angeboten werden – auch daraus mag rückgeschlossen werden, wie konsequent und ernsthaft jemand sein persönliches Lernen in Angriff nimmt. Sind sie jedoch für die Zeit des MD-Programms ein integrierter Bestandteil, so kann auf diesem Weg eine durchgängige Coaching-Kultur, zumindest unter den Nachwuchs-Führungskräften, etabliert werden.

Beispiel 2: Integriertes Management Development Programm mit Mentoring und Coaching

Im Top Management Development eines internationalen Konzerns der Investitionsgüterbranche werden Nachwuchskräfte auf Geschäftsführer- und Vorstandspositionen vorbereitet. Nach einer detaillierten Potenzialanalyse nehmen sie an drei Lernpfaden teil:

* gemeinsame Veranstaltungen für die gesamte Gruppe, die sich meist mit konzernaktuellen und zukunftsweisenden Themen beschäftigen – meist in Form von Workshops, an denen auch Mitglieder des gegenwärtigen Top Managements des Konzerns teilnehmen

* individuelle Weiterbildungsmaßnahmen für jeden einzelnen Teilnehmer – z.B. Spezialkurse zu Fachthemen oder Internationale General Management Programme

* kontinuierliches Einzelcoaching durch einen externen Berater, meist dieselbe Person, die auch als Beobachter und Feedbackgeber bei der Potenzialanalyse fungierte – Themen sind Rolle und Selbstverständnis als Führungskraft, Umgang mit schwierigen Situationen und Krisen etc.

Zusätzlich bearbeiten die Teilnehmer eine Projektaufgabe, deren Thema aus einem Pool konzernstrategisch relevanter Fragestellungen ausgewählt wird. Dazu bekommt jeder Teilnehmer einen Mentor – ein Vorstandsmitglied einer der Konzerngesellschaften – der nicht sein eigener Linienvorgesetzter sein soll. Der Mentor wird nach dem Erfahrungshintergrund in bezug auf das Projektthema ausgewählt und betreut den Teilnehmer in inhaltlichen und fachlichen Fragen.

Mit dem Coach kann der Teilnehmer natürlich auch die methodische, taktische oder prozessuale Seite seiner Projektaufgabe thematisieren. Auf diese Art ist jeder Teilnehmer in eine umfassende, integrierte Lernerfahrung eingebettet. Gesteuert wird diese durch einen Kontrakt, eine Entwicklungsvereinbarung, die er mit seiner Linienführungskraft unter Mitwirkung des zuständigen Personalentwicklers abschließt und regelmäßig im Rahmen eines Mitarbeitergespräches evaluiert und aktualisiert.

Die Erfahrung mit diesem Programm zeigt Stärken und Schwächen auf:

* die Teilnehmer werden intensiv auf ihre zukünftige Führungsaufgabe vorbereitet

- die Teilnehmer fühlen sich individuell behandelt und nicht über einen Kamm geschoren, wozu Coaching und die individuellen Entwicklungsvereinbarungen wesentlich beitragen

- durch die regelmäßige Teilnahme des gegenwärtigen Top Managements entstehen zusätzliche, wertvolle Lernchancen durch die Weitergabe von Erfahrungen

- die Intensität des Programms und Teilnahme des Top Managements vermittelt eine hohe Wertschätzung für die Teilnehmer, was in großer Motivation resultiert

- die meisten Teilnehmer werden von ihrem sonstigen Tagesgeschäft nicht entlastet und erleben das intensive Programm als Zusatzbelastung, das sie mitunter an die Grenzen ihres Leistungsvermögens bringt

- die »Wartung« und Betreuung des Programms erfordert beträchtlichen Aufwand, z.B. sicherzustellen, dass alle individuellen Entwicklungsvereinbarungen auch tatsächlich abgeschlossen werden und in konkrete Maßnahmen übergeleitet werden.

Es erweist sich als sinnvoll, die Verweildauer eines Teilnehmers in diesem Top Management Programm auf etwa drei Jahre zu beschränken. Erstens ist die zeitliche und energetische Zusatzbelastung auf längere Dauer nicht zumutbar, zweitens sollten in einem solchen Zeitraum ohnehin neue Funktionen übernommen werden, damit keine »Dauerparker« in einem solchen Programm angehäuft werden. Daraus ergibt sich, dass die Gesamtzahl der Teilnehmer sorgfältig auf die Anzahl der Top Positionen abgestimmt werden muss, die in absehbarer Zeit wahrscheinlich zu besetzen sind. Aus der Alterspyramide, Erfahrungswerten der Fluktuation, einer Abschätzung des Konzernwachstums, der Politik von Akquisitionen und Austöchterungen lässt sich ein solcher Wert genau genug ermitteln.

Die Steuerung des Neuzugangs in eine solche Gruppe, also das Auffüllen oder Erweitern, kann über jährliche Potenzialanalysen als Eingangsvoraussetzung gut dosiert werden. In dem hier angeführten Beispiel wuchs diese Gruppe von anfänglich etwa 30 im Lauf einiger Jahre auf an die 50 Teilnehmer.

Beispiel 3: Berufsbegleitendes Curriculum mit Einzelcoaching

Eine weitere, aus unserer Erfahrung erfolgreiche Kombination von Lernen und Coaching stellt das begleitende Einzelcoaching in berufsbegleitenden Aus- und Weiterbildungs-Lehrgängen dar. Als Beispiel sei hier die *PE-Werkstatt*[1], ein Zertifikatslehrgang für Personalentwickler der TRIGON Entwicklungsberatung angeführt.

---

1 Weitere Lehrgänge von TRIGON mit gleichartiger Struktur: OE- und Coaching-Werkstatt

Auch hier erfolgt Lernen auf verschiedenen Pfaden:

- in den fünf einwöchigen **Modulen** wird Überblickswissen vermittelt, werden Konzepte, Modelle, Beispiele dargestellt und diskutiert, werden Methoden und Instrumente der Personalentwicklung vermittelt und praktisch erprobt, wird in Rollenspielen, Fallstudien und Teamaufgaben Anwendungswissen erworben

- zahlreiche Gastreferenten vermitteln anschauliche **Praxiserfahrungen**, die sich nicht bloß auf Schönwetterberichte beschränken, sondern den Umgang mit Hindernissen und Widerständen ebenso behandeln

- jeder Teilnehmer arbeitet in einer kleinen Gruppe von zwei bis vier Personen während der zehnmonatigen Laufzeit der Werkstatt an einem **Meisterstück**, das ein konkretes Umsetzungsprojekt in einer der Unternehmen oder Organisationen der Teilnehmer ist; hierbei wird, mitunter auch in einer anderen Unternehmenskultur Anwendungserfahrung gesammelt

- die regelmäßige Reflexion der Meisterstück-Arbeit erfolgt in jedem Modul in Form einer **Projektsupervision**, bei der eine kritische Evaluation der Vorgangsweise erfolgt und ausführliches Feedback für die Teilnehmer gegeben wird; dabei werden auch Generalisierungen der Erfahrungen vorgenommen und auf ihre Übertragbarkeit überprüft.

- **Einzelcoaching** im Mindestumfang von fünf Einzelstunden erlaubt die intensive Auseinandersetzung mit der eigenen Berufsrolle, mit eigenen Stärken, Schwächen, Lern- und Entwicklungsfeldern; aktuelle Fragen und Problemstellungen aus dem eigenen Arbeitsgebiet oder dem Meisterstück können ebenso thematisiert werden

- eine weitere Lernebene bildet die **Steuergruppe**, die in jedem Modul Mitverantwortung trägt für Inhalt und Gestaltung des gemeinsamen Lernens; diese Gruppe bringt Übungen ein, führt Tages- und Wochenevaluationen durch und setzt in Abstimmung mit dem Lehrgangsleiter und den Gastreferenten Schwerpunkte.

Die angebotenen und im Lehrgang als fixer Bestandteil enthaltenen Coaching-Stunden werden gerne und intensiv in Anspruch genommen. Dabei wird eine große Bandbreite von Themen angesprochen, die zur beruflichen und persönlichen Orientierung dienen, die aktuelle Konflikte und Verhaltensmuster bearbeitbar machen, die konkrete Projekte und Vorhaben nach verschiedenen Gesichtspunkten ausleuchten und die Arbeitsbeziehungen thematisieren.

Eine Reihe dieser Themen eignen sich auch für die gemeinsame Bearbeitung im Plenum oder in anderen Arbeitsformen in den Modulen – sie finden dort auch entsprechend Raum. Die weitergehende, ganz persönliche Vertiefung erfolgt aber zeitökonomischer und diskreter im Coaching-Einzelgespräch. Dort kann unter dem Schutz der absoluten Vertraulichkeit des Coaching-Partners jede Frage ohne Vorbehalte zum Thema gemacht werden.

Unsere mittlerweile vieljährige Erfahrung mit diesem Konzept zeigt, dass damit die gemeinsame Arbeit in den Modulen von individuellen Problemen, Fragestellungen und Bedürfnissen nicht übermäßig belastet und damit überfrachtet wird. Das erlaubt effizientes Fokussieren auf inhaltliche Fragen von gemeinsamem Interesse, ohne dass jemand das Gefühl haben muss, mit den höchstpersönlichen Anliegen zu kurz zu kommen. Wir können aus dieser Erfahrung das begleitende Einzelcoaching für jede mehrphasige Lernveranstaltung nur empfehlen, wenn dabei die Vermittlung fachlichen Anwendungswissens im Vordergrund stehen soll und trotzdem die damit verbundenen Fragen von Rolle, Selbstverständnis und persönlichem Umgang mit den angebotenen Themen Würdigung finden sollen.

Beispiel 4: Coaching als singuläre Entwicklungsmaßnahme unter Zeitrestriktion

Bei oberen und obersten Führungskräften mit großem Verantwortungsbereich scheitert systematisches Management Development oft daran, dass es als unmöglich angesehen wird, mehrere Tage für eine Seminar abwesend zu sein oder dass häufige Reisetätigkeit oder kurzfristig notwendige Verfügbarkeit die geplante Teilnahme an einer Weiterbildungsveranstaltung unmöglich macht. Es ist meist auch müßig, darüber zu argumentieren, ob all die angeführten Gründe bloß Vorwand sind und einer inneren Abwehr gegen Lernen und Weiterbildung entspringen oder ob hier objektive Hinderungsgründe vorliegen.

Die beiden höchsten Führungsebenen eines großen internationalen Anlagenbauers sitzen, so scheint es, tatsächlich einen guten Teil ihrer Arbeitszeit im Flugzeug oder vor Ort beim Kunden in jeder erdenklichen Weltgegend. Der wiederholte Versuch, individuelle Entwicklungsvereinbarungen in konkrete Teilnahmen an Seminaren, Workshops oder anderen Veranstaltungen überzuleiten, endete allzu oft in kurzfristigen Absagen, weil »ein wichtiges Kundenproblem dazwischenkam«. So suchten wir gemeinsam mit diesem Klienten nach einem Ausweg, der wenigstens ein Minimum an Management Development, dieses aber sicher und kontinuierlich, bieten würde.

Wir landeten beim individuell vereinbarten Einzelcoaching, bei dem weder längere Abwesenheiten notwendig waren, noch Reisezeiten zu Seminarorten anfielen. Für einen Eineinhalbstunden-Termin findet auch der meistbeschäftigte Manager Zeit, noch dazu fallen Berührungsängste mit anderen Seminarteilnehmern weg, die ja störend sein könnten. Natürlich gibt es auch bei den Coaching-Terminen kurzfristige Absagen und Terminverschiebungen, aber mit der nötigen Dichte und Frequenz vereinbart und mit einiger Flexibilität auch auf Seiten des Coach, bleiben doch genügend Gespräche, um kontinuierlich an der eigenen Weiterentwicklung zu arbeiten.

Der große Vorteil eines solchen »sanften« Zugangs zur Weiterbildung ohne den Zwang drohender Seminartermine: man kann beim Coaching sehr schön auch die vermeintlichen oder realen Zwänge, die jemand treiben, zum Thema machen und damit auch einen anderen Umgang mit der Zeit, der eigenen Unersetzlichkeit, der Prioritätensetzung in Gang bringen. In nicht wenigen Fällen ist es auf diese Art gelungen, notorische Verweigerer jedwelcher Weiterbildungsveranstaltungen doch für solche zu motivieren – Coaching als Einstiegshilfe, als Schuhlöffel für jene, denen die Rahmenbedingungen klassischer Bildungsveranstaltungen als zu eng erscheinen. Coaching auch als adäquate Lernform für all jene, die ihre eigene Bedeutung und Unabkömmlichkeit sehr hoch einschätzen und durch die individuelle Betreuung und Zuwendung des Coach jene Wertschätzung erfahren, die sie gewohnt sind und die ihnen unentbehrlich geworden ist. So gesehen, sollte jeder Personalentwickler Coaching im Angebotsrepertoire haben, um Zugang zu allen Zielgruppen in der eigenen Organisation zu finden.

6. Projekt-Coaching

Wolfgang Döring

Warum Bruno B. (voller Name dem Autor bekannt) am 14. Juni seinen Projektstatusbericht nicht abgab!

(Eine typische Problemstellung in laufenden Projekten! *oder* Wann/Wie stelle ich die hilfreiche Frage?)

Wer stellt diese Frage?
Zeigt Bruno B. Widerstand?
Wie klar war das Arbeitspaket vereinbart?
Gibt es eine Projektplanung?
Wie klar war das Reporting vereinbart?
Was würde Arno K. über Bruno B. sagen, wenn er den Bericht am 14. Juni abgegeben hätte?
Gibt es das Projekt überhaupt noch?
Hat es je begonnen?
Wie wird es enden?
Welche Beziehung hat der Mitarbeiter mit der Projektleitung?
Wie führt der Auftraggeber die Projektleitung?
Wer freut sich, dass das Projekt feststeckt?
Welche Schulung löst das Problem?

Wer ist schuld? Und überhaupt.....

6.1 Die besondere Situation von Projektarbeit

Projektarbeit zeichnet sich grundsätzlich durch die laufende Optimierung von drei Basisfaktoren im Verlauf eines Projektes aus.

Diese Basisfaktoren sind Ziele/Qualitäten, Ressourcen sowie Zeit/Termine. Die Relation wird das »**magische Dreieck**« im Projektmanagement genannt. Diese Dreiecksbeziehung verändert sich grundsätzlich im Projektverlauf durch Veränderung im Projektumfeld, neuen Zielsetzungen oder Ressourcensituationen, Veränderung von Rahmenbedingungen wie z.B. Gesetze, gesellschaftliche Werte, u.a.m., unerwarteten Entwicklungen im Projektverlauf aber auch durch Fehler im Projektmanagement und der Projektleitunq.

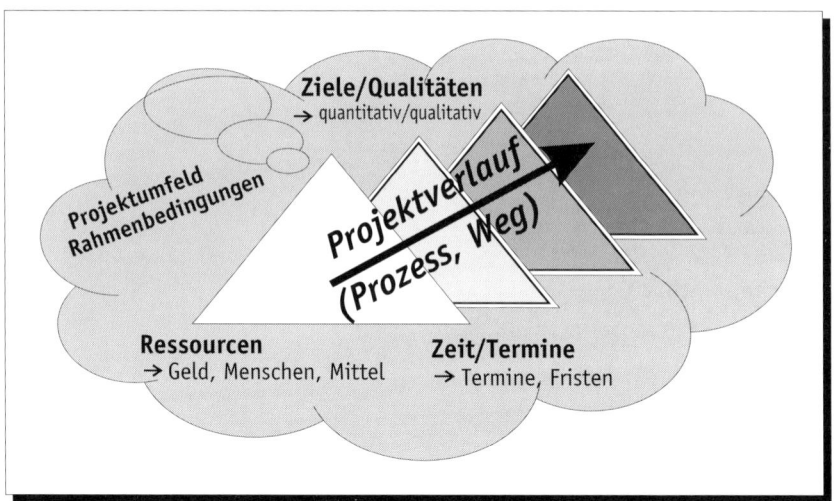

Der **Projektverlauf** gliedert sich in 4 qualitativ differenzierte Phasen:

Die **Projektvorphase** eines Projektes dient der Überprüfung und Entwicklung der Ausgangslage sowie der Zielsetzung des Projektes. Risikoanalysen, kritische Erfolgsfaktorenanalyse, Umfeldanalyse, Wirtschaftlichkeits- und Nutzenanalyse, Kraftfeldanalyse, Machbarkeitsstudie, u.a.m. sind Bestandteile dieser Phase. Außerdem werden bereits hier grundsätzliche – oft informelle – Entscheidungen über die personelle Besetzung der Schlüsselpositionen in diesem Projekt getroffen.

Im Rahmen der **Projektwürdigkeitsprüfung** wird neben der Einmaligkeit und dem befristeten Zeitraum ein **bereichsübergreifendes Arbeiten** (mehrere Funktionen einer Organisation sind im Projektgeschehen beteiligt) gefordert. Hintergrund dieser Prüfung ist die Frage, ob das vorliegende Thema durch eine einfachere Organisation ebenso erfolgreich bewältigt werden kann. Projekte sind eine an sich komplexere, aufwendige Organisationsform, die nur bei entsprechendem Nutzen eingesetzt wird.

Viele Realisierungen, Themenstellungen und Vorhaben sind für eine Organisation zwar einmalig aber nicht unbedingt projektwürdig. Die Durchführung wäre im Rahmen einer gut kontrahierten Linienverantwortung ebenso realisierbar. Manchmal ist auch der Begriff Projekt im Sinn von »eine Verrechnungsnummer für Kosten« missbräuchlich in Verwendung.

In der **Projektstartphase** erfolgt die Festlegung der Faktoren im magischen Dreieck (Ziele/Qualitäten, Ressourcen, Zeit/Termine) als Projektauftrag oder Projektvereinbarung. Dies wird in einem »Kick off Meeting« zwischen Auftraggeber und Projektleitung/ Projektteam offiziell bestätigt. Die Begründung der Arbeitsfähig-

keit des Projektteams erfolgt in einer darauf folgenden Teamstartklausur. Themen dieser Klausur sind: Zielidentifikation, Teamentwicklung, Projektfeinpla-
nung/schrittweise, Arbeitspaketplanung, Rollenklärung und Aufgabenvertei-
lung, Dokumentation. Beteiligte sind die Projektleitung und das Projektteam
(bei sehr großen Projekten das Projekt-Kernteam). Die Projektleitung kann sich
bei dieser Klausur (in der Regel in der Dauer von 1 bis 2 Tagen) durch eine externe Moderation methodisch entlasten.

Der Satz »sage mir wie du ein Projekt beginnst, ich sage dir wie es endet« deutet
auf die Wichtigkeit der ersten beiden Phasen hin. Rasch hohe Arbeitsfähigkeit
der Projektteammitglieder zu entwickeln, eine gute Kommunikation mit dem
Projektumfeld aufzubauen, auf Basis eines Projektstrukturplanes (PSP) eine klare Arbeitspaketplanung (Projektfeinplanung auf einen Zeithorizont von ca. 2–3
Monaten) durchzuführen und ein klares Monitoring-System mit dem Auftraggeber einzurichten sind die bedeutenden Aufgaben der Projektleitung in der zweiten Phase. Hier sind die methodischen sowie die psychosozialen Aspekte in ge-
genseitiger Vernetzung zu integrieren und zu entwickeln.

In der **Projektentwicklung/-umsetzungsphase** sind nun alle Aktivitäten im
laufenden Prozess zur Projektzielerreichung angesiedelt. Arbeitspaketerledi-
gung, Umgang mit unerwarteten Situationen, Umfeldveränderungen und -reak-
tionen, Führungsfragen, Teamprozesse gestalten, Projektmarketing betreiben,
Dokumentation und Infowesen sicherstellen, Entscheidungen treffen oder her-
beiführen, ev. Neuplanung, permanente Feinplanungsentwicklung, Konfliktma-
nagement, u.v.m. stellen die Basis der laufenden Tätigkeiten dar. All das ist per-
manent in der Dualität von Zielorientierung und psychosozialen Aspekten zu betrachten.

Die permanenten Reviews (Controllingabstimmungen zwischen Projektleitung
und Auftraggeber) dienen zur Überprüfung und Bestätigung oder gegebenenfalls
Veränderung des Auftrages. Für die Einhaltung der Relation der Faktoren innerhalb des Dreiecks in der laufenden Projektrealisierung ist die Projektleitung verantwortlich.

Der **Projektabschluss** stellt die Finalisierung eines Projektes dar. Das Erreichte
zu festigen und das »Projektergebnis« materiell oder symbolisch an den Auftraggeber zu übergeben, Inhalte und Management- sowie Prozessaspekte zu doku-
mentieren, weiterführende Lernprozesse abzuleiten und nutzbar zu machen sowie Projektmarketingmaßnahmen zur Verwertung der Ergebnisse zu realisieren
sind Aufgaben der vierten Phase. Eine weitere wesentliche Aufgabe vor allem bei
längeren Projekten – über einem ½ Jahr und Projektabstellungen über 50% der
Arbeitszeit – stellt die weitere Orientierung der Projektteammitglieder beruflich
wie persönlich nach dem Projektende sicher.

Grundsätzlich ist die kritische Grenze der Projektdauer bei ca. einem Jahr zu sehen. Aktivitäten, die länger dauern, werden im Rahmen von Folgeprojekten, Teil-
projekten oder im Rahmen eines Multiprojektmanagements (Metamanagement
von mehreren Projekten in einem Unternehmen oder Themenfeld) realisiert. Not-

wendige Veränderungen oder Weiterentwicklungen von Projektergebnissen werden im Rahmen der, das Projektergebnis übernehmenden Linienverantwortung betrieben. Ebenso ist die Einrichtung eines Folgeprojektes möglich.

Die dritte und vierte Phase sind grundsätzlich im Zeit- bzw. Projektverlauf ineinander fließend zu sehen.

Ein weiterer Faktor in der Projektarbeit besteht in der »**Einmaligkeit**« sowie einem eindeutigen Beginn und einem ebensolchen Ende der Projektarbeit. Somit sind die Führungsarbeit sowie das Team auf einen **befristeten Zeitraum** einzurichten.

Die **Führung** der Projektmitarbeiter basiert in den meisten Fällen auf einer **nicht hierarchischen Arbeitsbeziehung**. Die für das Projekt abgestellten Mitarbeiter bleiben hierarchisch einer Führungskraft aus dem Unternehmen zugeordnet, die für alle Personalfragen den Ansprechpartner für den Mitarbeiter darstellt. Die daraus entstehende Dreiecksbeziehung zwischen Projektleitung, Projektmitarbeiter und dessen Linienführungskraft verlangt von der Projektleitung die Anwendung neuer Führungsformen. Basis dieses Führungsverständnisses bildet ein hohes Maß an **Selbstverantwortung** der Projektmitarbeiter. Die Prinzipien des MbO (Führen durch Zielvereinbarung) und somit die **Orientierung an Zielsetzungen** sowie das Prinzip der Selbststeuerung bzw. des Selbstcontrollings ermöglichen eine große Führungsspanne und ein geringeres Maß an Führungsaufwand. Die Voraussetzung stellt eine entsprechende Unternehmenskultur oder zumindest Projektkultur dar. Im anderen Fall kommt es in der Regel zu einer Überforderung der Projektmitarbeiter durch zu lose oder zu direktive Führung.

Besondere Bedeutung kommt in diesem Zusammenhang einer gelebten Fehlerkultur zu, die auf Lernprozessen basiert. Das Erkennen von Fehlerursachen und deren zukünftige Vermeidung stehen im Mittelpunkt. Die sofortige Suche nach Schuldigen bei einem aufgetretenen Fehler sollte der Vergangenheit angehören. Der Satz »Du kannst Fehler machen, aber bitte nur ein Mal!« ist in etlichen Projekthandbüchern zu finden.

6.2 Basismodell: Integratives Projektmanagement[1]

Neben dem in den vorhergehenden Beiträgen beschriebenen Basis- und Spezialwissen für einen Coach bildet das vom ihm verwendete Projektmodell einen wichtigen Fachhintergrund im Projekt-Coaching.

Als Basismodell wird das Modell »Integratives Projektmanagement« in Anwendung gebracht. Es wird dabei von einer umfassenden Integration von Ablaufaspekten, Funktionen, Werkzeugen und Methoden des klassischen Projektmanage-

---

1 Der Begriff wurde von Mag. Döring und Dr. Karnovsky im Rahmen einer Organisatorenausbildung 1990/91 erstmals eingesetzt und in der Folge als Modell von Mag. Döring und Dr. Piber weiterentwickelt.

ments und der Organisationsentwicklung ausgegangen. Zueinander schlüssige Hintergrundkonzepte bilden die konzeptive Klammer.

Die folgende Übersicht zeigt die im Modell enthaltenen Themen:

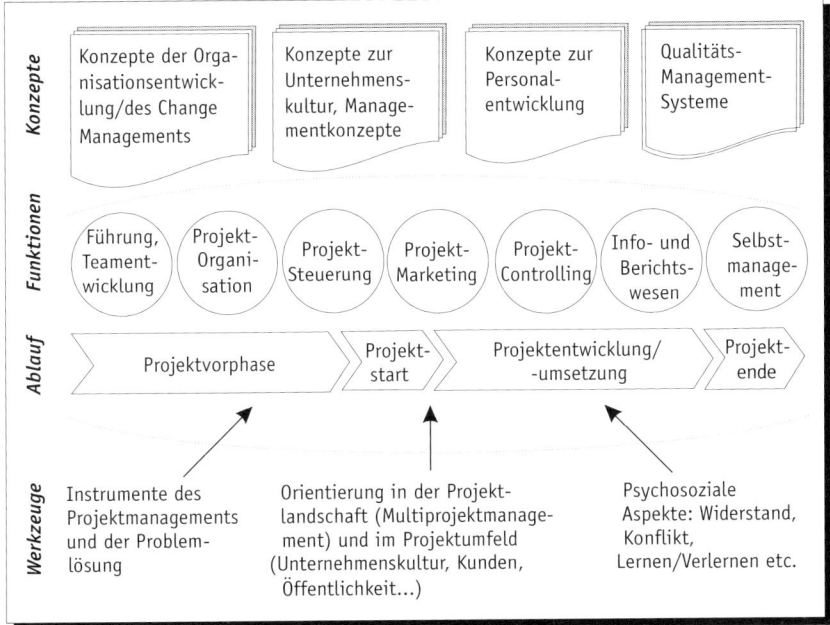

Der **Ablauf** des Projektes bildet den Ausgangspunkt des Modells (Zeitorientierung). Im Rahmen der 4 Phasen des Projektes treten jeweils typische Fragen und Problemstellungen auf.

Eine weitere Orientierungsebene bilden die **Werkzeuge** sowie die **Funktionen** im Rahmen des Projektmanagements. Kenntnisse, Fähigkeiten und Fertigkeiten des zu Coachenden sind mit den Projektanforderungen in Einklang zu bringen. Neben der Fähigkeit, die eigenen Potenziale im Projekt und seinem Umfeld wirksam werden zu lassen, sind auch die persönlichen Lernfelder zu orten und zu betreiben.

Die Rahmenorientierung bilden die integrativen **Konzepte,** um im Projektalltag eine (spontane) Handlungssicherheit zu unterstützen bzw. gewährleisten. Gemäß dem Motto von *Kurt Lewin*: »Es gibt nichts, was so praktisch wäre, wie eine gute Theorie«[2]

Die Intention im **Integrativen Projektmanagement** liegt in der Verbindung von ökonomischen und sozialen Faktoren zur Sicherung eines umfassenden Projekterfolges. Der zugrundeliegende Gedanke besteht in **prozessorientiertem Denken** und ebensolchen Vorgehensweisen.

---

2   A. J. Marrow, Kurt Lewin – Leben und Werk, Stuttgart, Klett 1977

Die Intention im **Integrativen Projektmanagement** liegt in der Verbindung von ökonomischen und sozialen Faktoren zur Sicherung eines umfassenden Projekterfolges. Der zugrundeliegende Gedanke besteht in **prozessorientiertem Denken** und ebensolchen Vorgehensweisen.

Es wird die Verbindung von **ökonomischen Aspekten** wie Effizienz und Effektivität, quantitative und qualitative Zielsetzungen, Sparsamkeit im Ressourceneinsatz, Termintreue u.a.m. mit jenen von **sozialen Aspekten** wie Betroffene zu Beteiligten machen, Akzeptanz bei den Anwendern, Berücksichtigung von Lernprozessen, Entwicklung einer positiven Fehlerkultur, wertschätzender Umgang mit Widerstand, Nutzen von vorhandenen persönlichen Ressourcen/Potentialen u.a.m. hergestellt.

6.3 Coaching der Rollenträger in Projekten

Wer hat mit welchen Rollen in einem Projekt zu tun und wie sehen grundsätzliche Fragen der Rollenträger aus?

Zunächst eine idealtypische Projektorganisation – Rollenstruktur von einem Projekt:

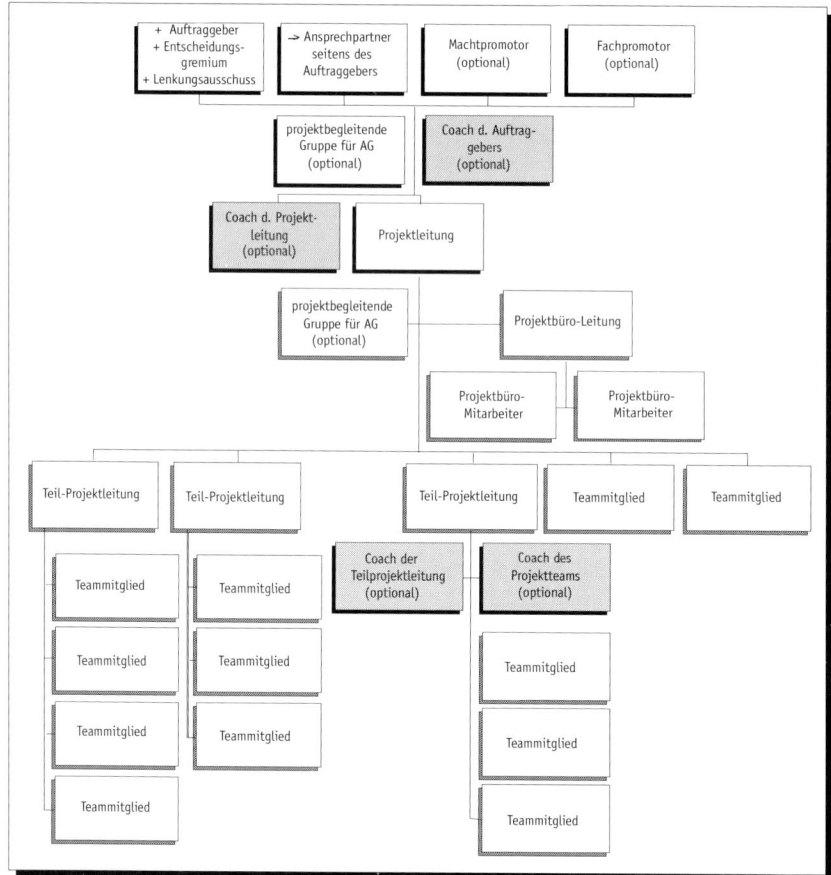

Coaching von Projektleitung bzw. Subprojektleitung sowie Projektteam sind übliche Aufträge in diesem Themenfeld. Coaching im Bereich der Auftraggeber ermöglicht nicht nur die Verbesserung der Auftragssituation für das konkrete Projekt, sondern wirkt top-down bis in die Gestaltung und Entwicklung der Projektkultur des Unternehmens (Qualität der Vorphase, Klarheit des Auftrags, Qualität der Reviews, Übergabe der Projektergebnisse an die Linie).

Projekte stellen sich im Regelfall **als »Provokation der Linie«** dar. Die Verbindung von Projektmanagement und Change Management liegt auf der Hand. Projektrealisierungen sind grundsätzlich Veränderungsprozesse. Wer möchte was verändern? Was soll verändert/realisiert werden? Wer bekommt dafür den Auftrag – die Macht? Wem lege ich als Auftraggeber (derjenige, der die Ressourcenmacht hat/eine oder mehrere Personen möglich) die Realisierungsverantwortung (Projektleitung) in die Hand? Dynamik, Initiative, Durchsetzungsvermögen, Sachverstand, Managementfähigkeiten sind die grundsätzlichen Besetzungskriterien einer Projektleitung. Aber auch die berufliche wie auch persönliche Herkunft und damit verbundene Vorurteile und Einbindung/Ausschließung in/aus bestimmten sozialen Netzen und Denkmustern sind von Bedeutung.

Jedoch sind die Erwartungen der **Projektauftraggeber** nicht immer mit jenen des Linienmanagements ident, besonders bei den »Betroffenen« oder denen, die von einem Projekt verändert werden (sollen). Themen wie Widerstand, bewusste bzw. unbewusste Abwehr, Gegenstrategien, sich »tot stellen«, u.a.m. sind Reaktionen, mit denen sich das Projektmanagement auseinander setzen muss. In diesem Aspekt ist Prävention wie z.B. die von der Konzeption weg eingebundenen Anwender, User, Betroffenen ein notwendiges Vorgehen in der Projektplanung und -führung.

Die Projektauftraggeber sehen den Realisierungserfolg des Projektes im Vordergrund. Der Schlüssel liegt in den gewählten Kriterien, mit denen der Projekterfolg gemessen wird. Qualitative wie quantitative Kriterien sind zu formulieren. Das laufende Monitoring (ca. in 4- bis 8-wöchigem Abstand), Grundsatzentscheidungen, die Absicherung der definierten Rahmenbedingungen und die Machtpromotorfunktion sind die Kernaufgabe der Auftraggeberfunktion im Projektverlauf.

Manchmal jedoch wird die Differenz der Einschätzung der Realität versus dem Wunsch- und Zieldenken zu einem Problem. Schnelle Realisierung, kurzfristige Erfolge sind Fehlentwicklungen aus dem Leistungsdruck mancher Manager und Aufsichtsorgane. Auch die Shareholder-Orientierung ist eine einseitig ansetzende konzeptionelle Fehlentwicklung.

Im Gegensatz dazu stellt die Stakeholder-Orientierung und der Value-Management-Ansatz ein integratives Modell dar. Hier wird eine sowohl betriebswirtschaftlich als auch sozialorientierte positive Strategie auf breiter integrativer Basis angeboten.

Die eingesetzte **Projektleitung** möchte zeigen, dass die in sie gesetzten Erwartungen eindrucksvoll erfüllt werden. Mit Eifer und Durchsetzungswillen werden viele Projekte begonnen. Die Gesamtkompetenz zur Realisierung, die Führungs- und Leitungsfunktionen, die Sicherstellung der Basisfaktoren des Integrativen Projektmanagements stellen die Kernaufgabe in der Projektverfolgungsphase dar. Partnerschaftlicher sowie klarer und konsequenter Umgang mit Usern und Betroffenen unterstützt die bestmögliche Erreichung und Integration der Projektergebnisse in den zukünftigen betrieblichen Alltag. Manchmal werden jedoch die Betroffenen zu Objekten, die »behandelt« werden (müssen!). Durchsetzen, Widerstände brechen, die Sache durchziehen und beenden, denn die Umsetzung müssen sowieso andere besorgen. Manchmal ist die Frage zu stellen, ob die erfolgreiche Zielerreichung des Projektes oder die persönliche Profilierung jenes Projektleiters im Vordergrund steht? Der Pfad zwischen erfolgreicher, guter Projektleitungsarbeit und der Instrumentalisierung von Projekten zum eigenen Nutzen führt oft über gefährliche Klippen und Engstellen. Die Funktion der Projektleitung fordert vom Rollenträger grundsätzlich die Bewältigung von höchsten zeitlichen und inhaltlichen Anforderungen, Stressresistenz, rasche und gute Entscheidungsfähigkeit sowie die Fähigkeit zwischen operativem Handeln und einer systemischen Metasicht bei Bedarf wechseln zu können.

Mitglieder von Projektteams stehen häufig vor der Situation, mit mehreren Aufgaben gleichzeitig betraut zu sein. Identifikation mit dem jeweiligen Team (»wo ist meine emotionale Heimat?«), die Wahl der Prioritätensetzung der Arbeitsverteilung, die Interessen des eigenen Linienmanagers (dem das Teammitglied weiterhin in der Regel hierarchisch zugeordnet ist), die eigenen Karriere und Fachinteressen sind zu bewältigen. Die Frage des Einzelkämpfers ist gegenüber dem Teamgedanken abzugrenzen. Die Frage der zeitmäßigen Abstellung sowie die der gestellten Aufgaben (Fachspezialist für ein Arbeitspaket vs. Mitarbeit im Kernteam an verschiedenen Aufgabenstellungen) lassen ein unterschiedliches Rollenbild entstehen.

Das Projektergebnis im Rahmen der gesetzten Zielsetzungen und Qualitäten zu erreichen, effizient und effektiv mit hoher Termintreue zu realisieren und die Ressourcen optimiert einzusetzen ist die Erwartung an die Projektleitung. Das Gleiche gilt für die Steuerungsqualitäten des Auftraggebers, der gegenüber seinen Kontrollorganen verantwortlich ist. Auftretende Engpässe zu überwinden, heißt **Prioritäten** zu setzen. Diese ursächliche Managementaufgabe ist demnach auch im Projektwesen zu finden. Die gegebenen Standpunkte und Anforderungen sind jedoch nicht immer leicht zu integrieren. Dementsprechend sind auch Persönlichkeiten gefordert, die den Mut zur Entscheidung nicht scheuen und gleichzeitig den Blick auf den sozialen Rahmen halten.

Eine Vielzahl von Aspekten ist im Rahmen eines **Projektlebenszyklusses** zu beachten und entsprechend erfolgswirksam in Handlungen umzusetzen. Coaching bietet hier eine Möglichkeit auf einer Metaebene die Gesamtsituation und/oder bewusst gewählte Teilausschnitte zu betrachten. Darauf basierend werden entsprechende Handlungsstrategien und -vorgänge gewählt und in der Umsetzung geplant. Dabei ist auf Erfolgswirksamkeit und Entwicklungsorientierung für das Projekt sowie dessen Umfeld und für den Gecoachten zu achten.

6.4 Typische Fragen im Projekt-Coaching

Die Fragestellung des zu Coachenden setzt in der Regel bei praxiswirksamen Aspekten je nach seiner Rolle, der Phase des Projektes und dem persönlichen Wissens- und Erfahrungsstand an. **Geplantes** Coaching – von der Vorphase des Projektes an – entwickelt in der Regel eine entwicklungsorientierte breitere Fragequalität (proaktiv). **Problembezogene** Inanspruchnahme des Coachings fokussiert die Frage (reaktiv), bereits geschehene Fehler und Defizite sind nur zum Teil korrigierbar. Der Druck zur raschen Lösung ist beim Klienten im Regelfall zu diesem Zeitpunkt wesentlich höher, da aus einer defensiven Position gehandelt werden muss.

Eine Auswahl von typischen Fragen, gegliedert nach Auftraggeber, Projektleitung und Projektteam (die Listungen stellen eine verkürzte Auswahl dar) die zum Nachdenken anregen soll:

Fragen des/der **Auftraggeber(s)**	Auswahl möglicher **Arbeitsansätze** im Coaching
Wie kann ich eine gute Projektkultur im Unternehmen/Bereich entwickeln?	➤ Analyse der bestehenden Projekt- und Unternehmenskultur ➤ Einrichtung des Auftraggeber-Systems ➤ Soziometrische Strukturanalyse der Auftraggeber ➤ Entwicklung von Hausstandards (z.B. über ein Projekthandbuch »Das Projekt als Prozess« ➤ Entwicklung von Wissensträgern/ Multiplikatoren zum Thema Projektmanagement ➤ Zielsetzung zur Kulturentwicklung in einem/drei Jahr(en) ➤ Gestaltung von Entwicklungsprozessen im Unternehmen ➤ Meine Verbündeten/meine Gegner in dieser Frage
Wie finde ich die richtige Projektleitung?	➤ Anforderungsprofil/Qualitätsstandards ➤ Zielsetzung an die Projektleitung ➤ Besetzungsprozesse ➤ Verträglichkeit der Anforderungen mit der Unternehmenskultur

Fragen des/der **Auftraggeber(s)**	Auswahl möglicher **Arbeitsansätze** im Coaching
noch: Wie finde ich die richtige Projektleitung?	➢ notwendige Lernprozesse der Unternehmung in dieser Frage ➢ eigene Lernprozesse zu diesem Thema
Wie muss ein richtiger Projektauftrag aussehen?	➢ Grundsätze der Projektbeauftragung ➢ Rolle des Auftraggebers ➢ Rahmenbedingungen der Unternehmung ➢ Schriftliche Standards ➢ Kick-off Meeting Gestaltung ➢ Wer ist zu beteiligen ➢ Gesprächsführung Auftraggeber – Projektleitung ➢ Vertrauen vs. Controlling/Monitoring
Wie kontrolliere ich den Projektverlauf?	➢ Grundsätze von Kontrolle und Controlling ➢ Aspekte der bestehenden Unternehmenskultur berücksichtigen ➢ Entwicklungsabsichten bezüglich der Unternehmenskultur ➢ Geeignete Controllinginstrumente und -prozesse ➢ Vorwarnsysteme
Was kann ich als Projektergebnis erwarten?	➢ Anforderungen an inhaltliche Zielsetzung (magisches Dreieck) ➢ Lernprozesse auf individueller und Unternehmensebene ➢ Erfolgsfaktorenanalyse ➢ Kraftfeldanalyse (hemmende und fördernde Faktoren zur Erreichung der Projektziele)
Wie setze ich mich in der Unternehmung mit meinen Projektzielen durch?	➢ Soziometriearbeit ➢ Kraftfeldanalyse ➢ Strategieentwicklung

Fragen der **Projektleitung**	Auswahl möglicher **Arbeitsansätze** im Coaching
Was muss ich klären, um ein Projekt gut zu übernehmen?	➢ Klärung des Projektstatus → in welcher der 4 Phasen befindet sich das Projekt ➢ Was ist festgelegt – was kann ich gestalten/mitgestalten ➢ Bedingungen im magischen Dreieck ➢ Risikoanalysen (inhaltlich, sozial, prozessual, Rahmenbedingungen) ➢ mein Kompetenzrahmen
Was ist als Projektleitung in der Vorphase besonders zu beachten?	➢ Projektideenentwicklung ➢ Promotoren ➢ Kräftefeld (pro/contra) zum Projektthema ➢ Risikoanalysen
Wie muss ein richtiger Projektauftrag aussehen?	➢ Grundsätze der Projektbeauftragung ➢ Ergebnisse der Arbeiten aus der Projektvorphase ➢ Rolle der Projektleitung ➢ Rahmenbedingungen der Unternehmung ➢ Schriftliche Standards ➢ Gestaltung des Kick - off Meeting ➢ Wer ist zu beteiligen ➢ Gesprächsführung ➢ Vertrauen vs. Controlling/Monitoring
Wie kontrolliere ich den Projektverlauf?	➢ Grundsätze von Kontrolle und Controlling ➢ Bestehende Unternehmenskultur ➢ Entwicklungsabsichten bezüglich der Unternehmenskultur ➢ Geeignete Controllinginstrumente und -prozesse ➢ Vorwarnsysteme
Was kann ich als Projektergebnis erwarten?	➢ Anforderungen an inhaltliche Zielsetzung (magisches Dreieck) ➢ Lernprozesse auf individueller und Unternehmensebene ➢ persönliche Nutzen aus dem Projekt

Fragen der **Projektleitung**	Auswahl möglicher **Arbeitsansätze** im Coaching
Wie kann ich ein wirksames Projektteam entwickeln?	➤ (moderierte) Teamstartklausur ➤ laufende Teamsitzungen ➤ Delegation und Controlling, Arbeitsteiligkeit fördern ➤ soziale Probleme aufgreifen und bearbeiten ➤ Anerkennung und Erfolgsbeteiligung (z.B. durch nach außen sichtbar werden) der Teammitglieder

Fragen des **Projektteams**	Auswahl möglicher **Arbeitsansätze** im Coaching
Wie können wir rasch zu guten Entscheidungen finden?	➤ Entscheidungs- und Problemlösungsmodelle einführen ➤ Teamfähigkeit erhöhen ➤ TZI Modell leben
Wie können wir auf bestimmte Handlungen des Projektumfeldes reagieren?	➤ Soziometriearbeit ➤ Rollenabsprache ➤ Positionsklärung
Wie können wir unsere Arbeitsfähigkeit verbessern?	➤ Entscheidungs- und Problemlösungsmodelle einführen ➤ Teamfähigkeit erhöhen ➤ Beziehungsarbeit ➤ Berücksichtigung der Mitarbeiter-Potenziale bei Arbeitspaketvergabe ➤ Wertschätzung/ Anerkennung
Wie können wir uns als Team besser präsentieren?	➤ Projektmarketing ➤ Rollenklärung ➤ Identität zum Projekt/-ziel entwickeln
Wie können wir einen Konflikt im Team lösen?	➤ Konfliktmoderation und -mediation ➤ Entscheidungen klarer kommunizieren ➤ Delegationskontinuum klarer leben
Wie können wir einen Konflikt vom Projekt zum Projektumfeld lösen?	➤ Konfliktmoderation und -mediation ➤ Auftragsklärung ➤ Kompetenzklärung

Fragen des **Projektteams**	Auswahl möglicher **Arbeitsansätze** im Coaching
Wie können wir Unklarheiten, offene Punkte mit dem Auftraggeber/Projektleiter klären?	➢ Auftragsklärung (schriftlicher Projektauftrag) ➢ K.U.S. (klar – unklar – strittig Matrix) Methode einsetzen ➢ Projektplanung ➢ Projektsteuerung/-monitoring
Wie können wir unsere Grenzen erkennen und akzeptieren?	➢ Kompetenzen klären ➢ Differenzieren: was ist machbar – was nicht ➢ Erfolgsfaktoren klären ➢ Eigene Entwicklung reflektieren

Grundsätzlich sind die Fragen im Coachingprozess aus dem Geschehen heraus zu entwickeln. Rezeptives Vorgehen, d.h. fixe Frage- oder Checklisten führen zu starren, mechanistischen Denk- und Antwortstrukturen. Ohne Berücksichtigung der Coachingsituation ist die Entwicklung der hilfreichen Fragen im Rahmen des Integrativen Ansatzes nicht möglich. Zu berücksichtigen sind u.a.: die Persönlichkeit des Gecoachten, die Persönlichkeit des Coach, die Ernsthaftigkeit der Frage, die Qualität der Reflexion der Fragestellung, die Qualität der Problem-Analyse und Problem-Lösung, die Beziehungsqualität/das Vertrauen von Coach und Gecoachtem, die Qualität von Wahrnehmung und Bewertung von Situationen, die Projekt- und Projektumfeldqualität, die Unternehmenskultur.

In der Coachingsituation als lebendigem Prozess hat der Coach nicht »Beliebiges«, sondern das in der Situation »Angemessene« zu tun. Gegenüber dem Gecoachten ist ein höchstes Maß an persönlicher Verantwortung bei bestmöglicher Unterstützung für dessen Orientierung und Handlungen zu gewährleisten.

6.5 Lernprozesse im Rahmen von Projektarbeit

Lernprozesse im Rahmen der Projektarbeit finden u.a. auf folgenden Ebenen statt.

Einzellernen:

Fachaspekte (eigene Expertiseentwicklung), Projektmanagement, Führungsaspekte, soziale Aspekte, Prozessaspekte, Zielorientierung, erfolgsorientiertes Handeln, innere und äußere Beweglichkeit, rasches Zugehen auf Andere am Beginn, Fähigkeit zur guten Trennung am Ende des Projektes/Arbeitspaketes, Arbeit in virtuellen Teams, (Weiter-)Entwicklung der eigenen Wahrnehmungsfähigkeit

Lernen in Gruppen:

Rollen und Rollenverhandlung, Auftragsklärung, Bewusstsein im soziales Feld (Kräftefeld nach *K. Lewin*), Handlungsbandbreite im persönlichen Verhalten, Wirkung des eigenen Handelns, Kommunikationsaspekte (z.B. 4 Ohrenmodell v. *Schulz von Thun*), Arbeiten und Handeln in Gruppen, Macht und Ohnmacht, Durchsetzung, Kooperation, Synergie schaffen, Sichtbar werden, Einzelkämpfer – Gruppe – Team, Interdisziplinäre Zusammenarbeit, systemische Betrachtung – auf der Metaebene denken

Lernen zwischen Gruppen:

Nahtstellenmanagement, Kulturmanagement, Infomanagement, Marketinggrundsätze, Wertschätzung und Toleranz gegenüber Anderen

Lernen auf Organisationsebene:

Ziel- und Strategieentwicklung, Vernetzte Prozesse, Unternehmensorientierung, Entwicklung der Fähigkeit zur Systembetrachtung.

In jedem dieser Realisierungshandlungen und Lernprozesse kann Coaching eine wertvolle und ergebnisunterstützende Maßnahme im Rahmen von Projektrealisierungen darstellen. Davon zu unterscheiden ist Mentoring durch Fach- und Machtpromotoren oder hohem Linienmanagement. Dabei wird das Wissen und die Erfahrung der Erfahrenen weitergegeben. Innerbetriebliches Lernen kann hier auf hohem Niveau stattfinden. Die Einschränkung beim Mentoring gegenüber dem Coaching ist durch die betriebsinternen Rollenverschränkungen (möglicher blinder Fleck) zu sehen. Der Förderaspekt wird im Regelfall auf betrieblich orientierte Aspekte beschränkt bleiben.

6.6 Chancen des Lernertrages aus dem Coachingprozess

Welche Potenziale hat Coaching speziell im Zusammenhang mit Projektmanagement anzubieten. Eine Auswahl zum Nachdenken:
➢ Erweiterung der Wahrnehmungsfähigkeit
➢ Erweiterung der Problemlösungskompetenz
➢ Erweiterung von Prozessorientiertem Denken
➢ Integration von Werkzeugen, Modellen und Konzepten des Integrativen Projektmanagements ins tägliche Handeln
➢ Entwicklung von Kontraktfähigkeit und -treue
➢ Entwicklung der Selbststeuerung und Selbstverantwortung
➢ Entwicklung eigener Zielorientierung
➢ Entwicklung des Sichthorizontes über eigene Verantwortungsbereiche hinaus
➢ Gesamtverantwortung entwickeln
➢ Rasche Teamfähigkeit entwickeln
➢ Bereitschaft und Fähigkeit zur Lösung von Arbeitsverbindungen bei Projektende

➢ Entwicklung von der Fehlerkultur zur Problemlösungskultur
➢ Klare Vorstellungen zu eigenen Entwicklungswegen pflegen
➢ Eigene Mobilität entwickeln und pflegen
➢ Eigene Fachlichkeit mit jener Anderer zu integrieren
➢ Fähigkeit von temporärem Management und ebensolcher Arbeit entwickeln
➢ Fähigkeit der Führung von virtuellen Teams entwickeln
➢ Von der Vergangenheit zur Gegenwart kommen
➢ Visionsgeleitet statt problemgetrieben handeln
➢ Sich trauen, auch unbekannte Wege zu bewältigen
➢ Den eigenen Timespan erweitern

Jedes Projekt stellt grundsätzlich einen Weg auf unbekanntem oder nur teilweise bekanntem Gebiet dar. Diesen Weg in einer projektverantwortlichen Rolle nicht nur allein zu gehen, sondern sich neben all den Menschen, die diesen Weg ebenfalls gehen, einen persönlichen »Reibestein« zu organisieren, ist der Ausgangspunkt für Projektcoaching. Die Integration von projektbezogenen Aspekten mit jenen des Projektumfeldes sowie des Lernens und der Entwicklung der eigenen Persönlichkeit wird in einer projektbegleitenden Lernorganisation möglich.

Die Anforderungen an einen Projektcoach erfordern deshalb Kenntnisse und Fähigkeiten, die das Wissen über Coaching-Prozesse und jene des Integrativen Projektmanagements verbinden.

7. Rolle, Perspektiven und Arbeitsweisen von internen und externen Coaches

Ulrich Schwaemmle und Philippe Staehelin

»Wirksames Coaching, wenn es von mehreren Seiten oder Coaches betrieben wird, hängt davon ab, dass Perspektiven und Rollen klar definiert und Arbeitsweisen aufeinander abgestimmt sind. Wir haben zunehmend bei Unternehmen wie Führungskräften ein Bedürfnis wahrgenommen nach einem besseren Verständnis der Unterschiede und Gemeinsamkeiten von internen und externen Coaches. Gleichzeitig glauben wir, dass auch interne und externe Coaches mehr aufeinander zugehen müssen, um ihr Verständnis über Rolle, Perspektiven und Arbeitsweisen auszutauschen.«

7.1 Vernetzung und Nutzung von internen und externen Coaching-perspektiven im Rahmen von Entwicklung und Veränderungen

Die Fähigkeit, Klärungen und Lösungen von verschiedenen Perspektiven her anzugehen, stellt eine wichtige Grundqualität jedes Coachingprozesses dar. Bezogen auf die oben erwähnten Coachingrollen bietet Unterschiedlichkeit die Chance, das Zusammenspiel von verschiedenen Coaches zu verbessern, Coachingmaßnahmen innerhalb von Veränderungsstrategien zu optimieren, innovative Potentiale zu erschließen, die sowohl den Coaches, den Coachees und den Unternehmen zugute kommen. Jede Unterschiedlichkeit bietet indes ebenfalls die Möglichkeit zur Konkurrenzierung und zu Konflikten.

Die Vielfalt des Coachings begründet sich vor allem aus der Komplexität und Dynamik von inneren und äußeren Veränderungen, denen Führungskräfte und Unternehmen ausgesetzt sind. Eine angemessene Bewältigung dieser Komplexität und Dynamik im Führungsalltag wie in der strategischen Ausrichtung verlangt ein entsprechend komplexes und dynamisches Bewältigungsinstrumentarium, in dem Coaching mit seinen verschiedenen Ausprägungen eine wichtige Rolle spielt.

Wir vertreten die Auffassung, dass Coaching in einem Businesskontext generell effizient und zukunftsgerichtet sein muss, unabhängig von den Coachingrollen. Eine Balance zwischen den Interessen der Unternehmung und den Bedürfnissen der einzelnen gecoachten Person muss proaktiv geleistet werden. Engagement, Motivation, Selbstverantwortung und Commitment verlangten nach einem an die Bedürfnisse und Bestrebungen der individuellen Person ausgerichteten Coaching. Um jedoch Geschäftserfolge zu zeigen, muss sich Coaching ebenfalls an den Visionen, Werten und Strategien der Unternehmung oder deren Geschäftseinheiten orientieren[1] sowie kompatibel mit der Unternehmenskultur sein.

7.2 Der Vergleich von internen und externen Coaching-Rollen am Beispiel von Gemeinsamkeiten und Unterschieden

Dem externen Coach wird vor allem die Außensicht, dem internen Coach die Innensicht zugeschrieben. Beide Rollen sind struktur- und positionsabhängig. Der Externe ist nicht Mitglied der Kundenorganisation, er ist sein eigener Boss, während der Interne neben der Rolle als Coach auch die Rolle des Mitglieds der Organisation innehat. Aus dieser unterschiedlichen strukturellen Bedingtheit können weitere Unterschiedlichkeiten abgeleitet werden bzw. Bewertungen festgemacht werden. Einen ersten Zugang liefert die folgende Übersicht:

Gemeinsamkeiten	Unterschiede	
	intern	extern
Verständnis von Entwicklungs- und Veränderungsprozessen: Individuum, Profession, Organisation	Eigene Erfahrungen als Mitglied des Unternehmens und in der Coachingrolle, Erfahrungen mit Kollegen, authentische Erfahrungen mit der Unternehmenskultur.	Eigene Erfahrungen als Coach in der Arbeit mit verschiedenen Unternehmen/Zielgruppen als Kunden, Erfahrungen in der Zusammenarbeit mit anderen externen Coaches.
Akzeptanz und Glaubwürdigkeit	Erworben als Insider.	Erworben als Außenstehender. Unabhängigkeit, Selbstständigkeit.

---

1 vgl. Freas, Alyssa M.: Coaching Executives for Business Results in: Goldsmith et al (eds.) Coaching for Leadership, San Francisco 2000, S. 28

Gemeinsamkeiten	Unterschiede	
	intern	extern
	Kennt Tradition und Geschichte.	Unbelastet, keine Vorgeschichte. Erweiterte Sicht und Flexibilität.
	Position in der Hierarchie und Persönlichkeit.	Reputation, Expertise und Persönlichkeit.
Leistungs- und Entwicklungsorientierung zum Nutzen des Kunden	Vertrautheit mit dem Unternehmen (Organisation, Geschäft und Kultur).	Distanz zum Unternehmen und neutrale bzw. neue Sicht.
Diagnose und Interventionsplanung	Eher Verbindung von Prozess, Inhalt und Aufgabe.	Eher Verbindung von Prozess, Strategie und externen Kontexten.
	Intime Kenntnis der formellen und informellen Beziehungen, Normen und Tabus.	Neugier und Risikobereitschaft bezüglich Aufdecken informeller Beziehungen, Normen und Tabus.
	»Goodness of fit«; Verträglichkeit.	In Frage stellen und Innovation.
Prozessreflexion und Wirksamkeit	Eher Gegenwarts- und Umsetzungsorientierung. Entwickeln, optimieren und integrieren	Eher Zukunftsorientierung und Potenzialentfaltung. Auflösen und transformieren.
Commitment zum Lernen	Eher längerfristiger Beziehungsaufbau und Begleitung von Lern- und Arbeitsprozessen, Transfer.	Eher schneller Beziehungsaufbau und befristete, fokussierte Begleitung von Lern- und Arbeitsprozessen.
Vertragsgestaltung	Eher Mehrparteienvertrag (Coach, Auftraggeber, Vorgesetzte, Coachee). Gleiche und unterschiedliche Hierarchieebenen von Coach und Coachee.	Eher Zweiparteienvertrag (Coach-Coachee). Coach und Coachee als gleichberechtigte Partner.

Tabelle 1: Vergleich der internen und externen Coachingrollen

Wir möchten betonen, dass wir den Gemeinsamkeiten die größeren Bewegungs-(Mobilisierung/Aktivierung) und Wirkkräfte zuschreiben. Die Unterschiede können auf deren Grundlage ihre besondere Wirkung entfalten. Es zeichnet sich ab, dass die Gemeinsamkeiten im Rahmen des Zusammenspiels und der Zusammenarbeit von internen und externen Coaches noch wichtiger werden. Dabei eröffnen sich neue Formen der Zusammenarbeit von internen und externen Coaches, in denen die Besonderheiten der Perspektiven und Arbeitsweisen und ihre intelligente Verknüpfung für Kunden und Auftraggeber wirksam genutzt werden können.

Abgesehen von der unterschiedlichen Positionierung und strukturellen Verankerung sind die aufgelisteten Unterschiede keinesfalls kristallklar, sondern bieten nur Anhaltspunkte für Interpretationen unter Einbeziehung der jeweiligen spezifischen Kontexte. Vorschnelle Bewertungen dergestalt, dass die Besonderheit der einen Coachingrolle eine Schwäche der anderen darstellt, sind häufig anzutreffen und sind größtenteils einfache Projektionen, die Über- oder Unterbewertungen darstellen.

Die Vertrautheit des internen Coaches mit internen Unternehmensabläufen birgt z.B. in sich das Risiko, dass blinde Flecken eher ignoriert werden, dass beschränkte Sichtweisen (Tunnelblick) in den Coachingprozess einfließen.

Die unternehmerische Sicht (z.B. Geschäftsaspekte wie Auftragslage) könnten die Vorgehensweise eines externen Coaches unbewusst beeinflussen.

Beide Coachingrollen sind notwendig und bedingt austauschbar. Ihre Effizienz verlangt ständige Überprüfung und Weiterentwicklung. Intervisonen und qualifizierter Erfahrungsaustausch belegen, dass die Qualität und Wirksamkeit von internen und externen Coaches nicht nur an ihrer Person, ihrer Aus- und Weiterbildung festgemacht werden kann.

Die Beantwortung folgender Fragen halten wir ebenso für bedeutsam:

Ob und wie ist Coaching im Unternehmen gesteuert und organisiert?

Wie ist Coaching in der Unternehmensstrategie verankert bzw. sind Coachingmaßnahmen strategisch ausgerichtet?

Welche Bewertungen des Coachings lassen sich aus der Unternehmenskultur ableiten (positiv, neutral, negativ)?

Wie wird die Zusammenarbeit von internen und externen Coaches geregelt?

Am Beispiel eines Unternehmens möchten wir aufzeigen, wie Coaching innerhalb einer internen Beratungsabteilung aufgebaut wurde, welche Coachingangebote den internen Kunden zur Verfügung stehen und welche Bedeutung dieses Unternehmen dem internen Coaching zuschreibt.

7.3 Aufbau, Steuerung und Organisation von »internem« Coaching am Beispiel eines Unternehmens

7.3.1 Aufbau, Steuerung und Organisation der internen Beratung

Wir beziehen uns in den folgenden Ausführungen auf die konkreten Verhältnisse in einem Unternehmen.

Das betrachtete Unternehmen ist gesamtschweizerisch im öffentlichen Verkehr tätig und hat rund 28 000 Mitarbeiter. In den letzten Jahren hat es sich deutlich gewandelt von einem Staatsbetrieb zu einem privatwirtschaftlich geführten Unternehmen.

Der Entwicklungsweg der internen Beratungsabteilung lässt sich wie folgt darstellen:

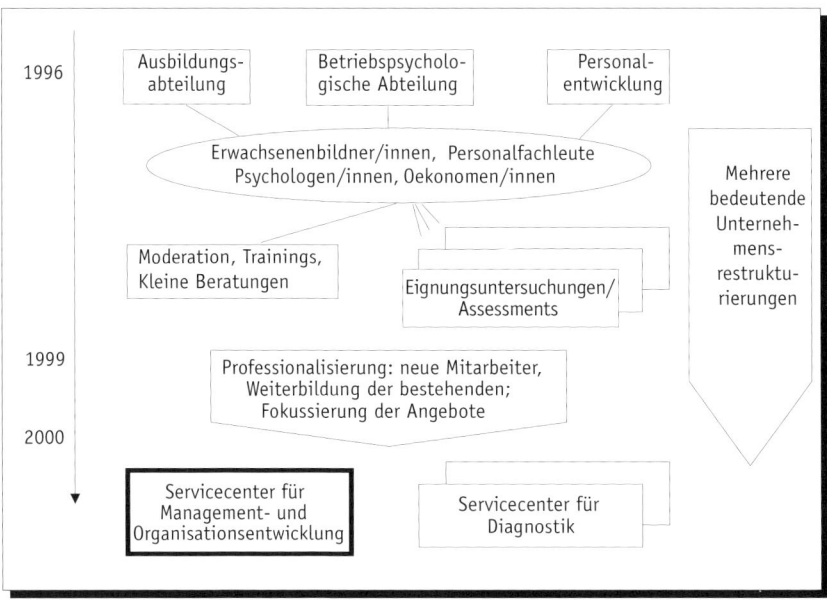

Die Beratungsabteilung ist bestückt mit rund einem Dutzend ausgebildeter Berater/innen mit unterschiedlichem Hintergrund (BSO-anerkannt). Sie arbeitet aus pragmatischen Gründen wie kritische Größe (Skaleneffekte) und Spezialisierung für die ganze Unternehmung.

Organisatorisch ist das Servicecenter aus Gründen der Unabhängigkeit und organisatorischen Distanz zu den Kunden beim Zentralbereich Personal angesiedelt. Die Mehrzahl der Kunden sitzt in den operativen Divisionen und hat keinen direkten hierarchischen Zugriff.

Dezentral bzw. in den operativen Divisionen werden Personalentwicklung, Fachausbildung, Führungsausbildung für das untere Kader sowie Moderationen erbracht. Eigentliche Beratungsdienstleistungen werden dort keine angeboten.

Das Angebot an Dienstleistungen der zentralen Beratungsabteilung umfasst interne Prozessberatung (Organisationsentwicklung, Begleitung von Veränderungsprozessen, Teamentwicklung, Teamcoaching, Einzelcoaching), Training der oberen 500 Manager/innen sowie Konzeptarbeit im HRM-Bereich.

Die Beratungsabteilung ist als Servicecenter organisiert, das heißt, sämtliche Dienstleistungen werden bestellt und nach Aufwand bzw. Kontrakt verrechnet. Die Beratungsabteilung ist weitgehend selbstverantwortlich für Strategie, Dienstleistungsportfolio und Marketing.

7.3.2 Das Coachingangebot der internen Beratungsabteilung

Coaching von Führungskräften und Projektleitern wurde im Rahmen der strategischen Ausrichtung der Beratungsabteilung als Angebot aufgebaut. Einzelcoaching wurde vorher nur extern angeboten, abgesehen von un-/semi-professionellen Gelegenheitsanwendungen durch Vorgesetzte oder Mitarbeitende der Personalbereiche. Die Unternehmung hatte jedoch bereits seit einigen Jahren kollegiales Teamcoaching (KTC) und verwandte Ansätze breit angewendet. Diese wurden jeweils mit Begleitung durch eigens ausgebildete KTC-Moderatoren erbracht. Damit war die Grundausrichtung und Zielsetzung von Coaching in der Unternehmung bereits bekannt.

Das interne Angebot für Einzelcoaching lässt sich wie folgt charakterisieren:
- Zielpublikum: mittleres Management und Leiter/innen von größeren Projekten
- Auf Anregung oder im Auftrag von Vorgesetzten und auf Wunsch der Coachees selbst
- Inhalte sind häufig Verbesserung der Arbeitsfähigkeit als Manager, Leadership, Selbstmanagement, Projektmanagement
- Das Setting ist individuell, in aller Regel in Form von vereinbarten Paketen von 5 Sequenzen inkl. Auswertung (danach allenfalls Fortführung mit einem neuen Paket)
- Verrechenbar zu einem Ansatz, der je nach Maßstab leicht bis deutlich unter dem Markt liegt

Nicht alle Mitarbeitenden der Beratungsabteilung werden als Coaches eingesetzt. Alle Coaches haben – sei es im Rahmen einer längeren Weiterbildung zum Organisationsberater und Supervisor, sei es im Rahmen einer speziellen Coaching-Weiterbildung – eine vertiefende Weiterbildung zum Coach durchlaufen und verfügen zudem über langjährige Beratungserfahrung. Es wird darauf geachtet, dass alle Coaches von der Persönlichkeit, vom Alter sowie vom Auftreten her erhöhten Anforderungen genügen bzw. anschlussfähig sind. Zur Zeit arbeiten knapp die Hälfte der Berater regelmäßig als Coach.

7.3.3 Strategie und Bedeutung des Coachings im besprochenen Unternehmen

Bis vor kurzem hatte Coaching (wie auch generell Beratung) oft den Beigeschmack von »Reparatur« und Krisenintervention. Ein Coaching galt als Zeichen von Schwäche und als Mangel.

Unterdessen hat sich – nicht zuletzt durch explizite Rückendeckung der Geschäftsleitung – die Situation zum Besseren gewendet.

Heute wird Coaching vor allem bei folgenden Indizierungen angewendet:
- bei der Übernahme einer neuen anspruchsvollen Führungsposition
- präventiv in der Anfangsphase eines bedeutenden und komplexen Projektes
- als Entwicklungsmaßnahme im Rahmen des Management Development
- zur Standortbestimmung und Auffrischung von Führungskompetenzen
- bei Schwierigkeiten oder Krisen in der Führungs- und Projektmanagementarbeit
- regelmäßige bzw. flächendeckende Programme sind im Entstehen.

Um die frühere Konnotation (»Strafe«, Defizitorientierung) zu überwinden, wird darauf geachtet, dass die Coachingangebote so niederschwellig wie möglich angeboten werden. Coaching für das obere Kader (Top 50) wird in aller Regel durch externe Coaches erbracht; dem mittleren Kader (Top 500) steht ein Pool von internen und externen Coaches zur Verfügung, wobei die Internen fast ausschließlich aus der Beratungsabteilung kommen. Das Basiskader und sonstige Mitarbeitende erhalten eher selten Einzelcoachings, und wenn dann meist durch interne Coaches oder Fachleute aus dem Personalmanagement.

Die Entwicklungen mögen in anderen Organisationen ähnlich verlaufen sein. Coaching kann je nach spezifischen organisatorischen Begebenheiten auch anders bzw. von anderen Stellen angeboten werden. Die organisatorische Anbindung muss größtmögliche Unabhängigkeit und Neutralität gewährleisten und die internen Coaches müssen einen entsprechenden fachlichen Hintergrund haben (mehr dazu im Kapitel 4).

So werden die Voraussetzungen geschaffen, dass internes Coaching professionell und effizient gehandhabt wird und externen Coachingangeboten gleichwertig ist:

Organisation des Coachings innerhalb einer oder als selbstständige Beratungseinheit mit strategischer Ausrichtung; explizite Unterstützung der Geschäftsleitung; Coachingausbildung der Coaches; transparentes, mehrstufiges Ablaufverfahren mit differenzierten Zielgruppen;

Fortlaufende Fall-Supervision oder Intervison der Coaches; Kompatibilität mit der Unternehmenskultur und der Unternehmensentwicklung.

7.4 Anforderungen und Herausforderungen an interne und externe Coaches

In der öffentlichen Diskussion stellen wir zunehmend eine einseitige Betonung und Bewertung der Unterschiede fest. Mit vorschnellen Bewertungen wird eine Klarheit vorgetäuscht, die dualistische Denkmuster suggerieren. Die plakativen Vergleiche zwischen internen und externen Coaches sind bei näherer Betrachtung höchst spekulativ. Bei differenzierten Analysen stellt sich heraus, dass professionell und qualitativ arbeitende interne und externe Coaches große Gemeinsamkeiten aufweisen. Unter Effizienz- und Zusammenarbeitskriterien eine außerordentlich wichtige Feststellung.

Welche Anforderungen an interne wie externe Coaches gestellt werden und wo sich unterschiedliche Gewichtungen ergeben, wollen wir anhand von drei ausgewählten Dimensionen beschreiben.

• Professionalität
Das erste Qualitäts-Kriterium für das Angebot von externen wie internen Coaches ist die (fachliche) Professionalität. Als Voraussetzung hierfür betrachten wir zunächst eine fundierte Coaching-Ausbildung, Berufs- und Lebenserfahrung, Persönlichkeit und charakterliche Integrität. Die Ausübung des Coachings muss sich nach bekannten Standards richten: Contracting, Ziel- und Rollenklärung, abgestimmte Vorgehensweise, Ergebnissicherung, Prozessreflexion.[2] Ein umfassendes Verständnis von Change- und Umwandlungsprozessen sowie deren Handhabung im Design und in der Hier- und Jetzt-Auseinandersetzung mit dem Coachee sind zentrale Erfolgskriterien für jeden Coachingprozess.

Als Basisvoraussetzungen müssen externe und interne Coaches Wissen und Fähigkeiten über menschliche Handlungssysteme vorweisen. Sie müssen mit Organisations- und individuellen Verhaltensweisen konzeptionell, strategisch-operativ und ganzheitlich umgehen können. Die Klarheit über den eigenen Beitrag als Coach zum Nutzen des Kunden muss im Einklang stehen mit dem Commitment zur beiderseitigen, lernenden und reflexiven Auseinandersetzung. Eine umfassende Interventionspalette ermöglicht dem Coach letztlich einen Handlungsspielraum, den er bedürfnis- und interessengerecht nutzen kann zum Wohl des Coachee und des Auftraggebers.

• Arbeitsweise
Gearbeitet wird bei internen und externen Coachings wohl gleichermaßen professionell und von Ablauf und Methodik nicht unterschiedlich:

---

2 vgl. hierzu auch: Wolfgang Looss, Unter vier Augen, Landsberg/Lech 1997

| Impuls für ein Coaching | Suche nach einem geeigneten Coach | Erstkontakt und Contracting (allenfalls Input von Auftraggeber, Ziele, Erfolgs-kriterien, Setting, Ver-trauens- und Verhaltens-regelungen | Coaching-Arbeit (5-10 Se-quenzen) | Abschluss und Auswertung; allenfalls Rück-meldung an Auftraggeber |

Vor allem beim internen Coaching ist die Einhaltung dieses Verfahrensstandards strikt zu beachten. Es sollten eher zu viele Formalismen eingehalten werden als zu wenig. Das gibt Sicherheit für beide Seiten: Der interne Coach ist sich seiner Rolle und Verantwortung stets bewusst; der/die Klient/in fühlt sich ernstgenommen und gewertschätzt und erhält Vertrauen in die Seriosität des Coach und in das eher unbekannte Prozedere.

Absolute Korrektheit im Sinne von Anwenden und Einhalten der entsprechenden professionellen Verhaltensweisen ist unabdingbar, um unerwünschte Einwirkungen, die sich aus einem potenziell näheren Verhältnis in der Vergangenheit oder in der Zukunft ergeben, zu minimieren.

- **Person und Rolle des Coaches**
  - *Rollen vor dem Kunden*: Wohl in den meisten Unternehmungen – auch in relativ großen – üben die internen Coaches nicht bloß diese Beratungsart aus. Sie treten auch in anderen Beratungszusammenhängen auf – manchmal als Trainer oder Moderatoren, dann wieder als Prozessbegleiter – dadurch kann sich ihre Identität verwischen, sie kann schwammig werden. Externe Coaches sind hier weniger gefährdet. Wir haben diesen Punkt jedoch v.a. bei »Stammberater/innen« beobachten können, die beispielsweise Führungstraining und Coaching und Management-Audits durchführten – für ein und denselben Kunden.

  - *Zugehörigkeit zur Organisation*: Die von *Peter Heintl* aufgeführten Punkte[3] treffen auf interne Coaches ebenso zu wie für andere interne Berater/innen:
    - »Hierarchie ist ein Delegationssystem, also wird auch die Entscheidung, Verantwortung und Zurechnungsmöglichkeit an Experten für Veränderung [Coaches] delegiert werden.«
    - »Das funktionalistisch-instrumentelle Bildungs- und Beratungsverständnis der Hierarchie verlangt ausweisbare Konzepte (vorher), Angebotspakete, genaue Ablaufdesigns etc.«

---

3   vgl. Heintel, Peter: Thesen zur Rolle des internen Beraters aus externer Perspektive, in: ZS Organisationsentwicklung 2/98

- »Auftragsvergabe [und Auftragsklärung]: Die Hierarchie ist gewohnt anzuweisen, etwas zur Durchführung in Gang zu setzen. ... Rückfragen sind bereits eine Zumutung. ... Daher neigt man dazu, einen Auftrag bei halbwegs vorhandenen, oft eingebildetem Verständnis zu übernehmen.«
- »Was sind Beratungsprodukte und wie kann man ihren erfolgreichen Einsatz messen, kontrollieren etc. ... genaue Messungen sind aber schon deshalb nicht möglich, weil man nie feststellen kann, wer oder was denn alles Ursache des Erfolges oder Misserfolges sind.«

Aufgrund ihrer Organisationszugehörigkeit sind interne Coaches »anfälliger« auf die oben genannten Punkte. Grundsätzlich muss jeder Coach sich mit den Systemwirklichkeiten des Kundensystems auseinandersetzen. Dazu gehört auch, Verständnis und Wirkungsweise des Coachings dem Auftraggeber und dem Coachee zu erläutern, den Rahmen für erfolgreiche Coaching-Arbeit festzulegen, Spielregeln auszuhandeln und damit »Beratungsfähigkeit« zu schaffen.

- *Positionierung und hierarchische Stellung*: Interne Coaches haben – wie auch immer organisiert – eine hierarchische Stellung oft unterhalb eines Teils ihrer Kunden. Bei Leadership- und Persönlichkeits-Themen stellt dies für beide Seiten ein Risiko dar, das thematisiert werden muss.
  Der externe Coach hingegen ist quasi hierarchielos, auch wenn er mit Auftreten, Referenzen und Honoraransätzen durchaus seine Anschlussfähigkeit an das Management belegen kann und muss. Die zunehmende Isolierung der Manager im oberen Drittel der Hierarchie führt zu einem Mangel an loyalen und vertrauenswürdigen Gesprächspartnern innerhalb des Unternehmens. Der Coach ist hier – subsidiär zu einem eng gefassten Coachingverständnis – gefragt als Beziehungspartner, als Sparringpartner und Spiegel. Gleichzeitig werden externe Coaches gesucht um die psychologischen und sozialen Defizite, die speziell mit den Herausforderungen der oberen Führungskräfte verbunden sind, zu bearbeiten. Lediglich im Rahmen eines externen Coachings kann diese Nähe zugelassen werden.
  In aller Regel hat sich deshalb die Praxis ausgebildet, dass interne Coaches sich eher auf Klienten unterhalb des Top Managements (der Geschäftsleitung etc.) beschränken.

Aus den Ausführungen wird deutlich, dass die Wahrnehmung der unterschiedlichen Rollen, ihre Unterschiede und Gemeinsamkeiten sowie ihre Besonderheiten keine generellen Aussagen erlauben. Die Besonderheiten sind kontextabhängig: Auftrag, Anliegen des Coachee, Coaching-Fokus, Stand der Unternehmensentwicklung, Akzeptanz des Coachings in der Unternehmenskultur, Strategische Ausrichtung und vieles mehr. Sorgfältige Abklärungen sind von allen Beteiligten gefragt. Sich dem Zeitdruck, der Beschleunigungsspirale und dem mitunter sehr kurzfristigen Verwertungsinteresse, die von der Unternehmensseite vermehrt spürbar werden, dabei zu widersetzen und sie aufzufangen, ist eine besondere Herausforderung für jeden Coach.

Ein weiteres Bezugsfeld um Unterschiede und Gemeinsamkeiten herauszuarbeiten, Anforderungen und Herausforderungen von Coaches zu verdeutlichen, bietet ein Blick in die Coaching-Praxis. Wir haben im Folgenden vier typische Fälle ausgewählt und wollen klären, ob in ihrer Bearbeitung grundsätzlich andere Vorgehensweisen zum Tragen kommen, oder, ob der eine oder andere Coach besser geeignet wäre.

7.5 Mit welchen Anliegen und Aufträgen wenden sich Kunden an interne und externe Coaches?

7.5.1 Beispiele aus dem Coaching-Alltag (intern)

Beispiel 1:

Persönliche Anfrage eines Geschäftsbereichsleiters bei der Beratungsabteilung, um sich extern bei der Steuerung und Abwicklung eines großen, bereits halbwegs verfahrenen Projektes begleiten zu lassen. Der Auftrag war eingebettet in ein Bündel von weiteren Beratungsdienstleistungen, die auch objektiv eine Entlastung des Coachee mit sich brachten. Diese Dienstleistungen wurden zwar u.a. durch Mitglieder derselben Beratungsabteilung erbracht, jedoch wurde bewusst auf das Aufstellen eines Berater-Systems verzichtet, um – in Absprache mit dem Auftraggeber – die Systemgrenzen und Rollen zu beachten. Der Coaching-Auftrag wurde – in Absprache mit dem Coachee – an einen der erfahrenen internen Coaches vergeben, der bislang noch keinerlei Kontakt mit dem Projekt bzw. dem Geschäftsbereich gehabt hatte.

Der Auslöser für das Hinzuziehen des Coachs war die subjektive Überforderung des Geschäftsbereichsleiters, der trotz quantitativ erheblichem Einsatz mit seinen bewährten Methoden die Aufgaben nicht zu bewältigen vermochte.

Der Auftrag bestand darin, mit dem Coachee die anstehenden Aufgaben zu strukturieren und planen, seine Management- und Projektleitungspraxis zu analysieren und Handlungsalternativen zu entwickeln, sowie die Umsetzung zu reflektieren und anzupassen.

Dieser Auftrag hätte inhaltlich genauso gut durch einen externen Coach übernommen werden können. Dabei müsste beachtet werden, ob der externe Coach die gleichen Zeitvorgaben einhalten könnte.

Beispiel 2:

Direkte Anfrage einer Leiterin eines neuartigen Projektes mittleren Umfangs an ihren Wunsch-Coach. Das Projekt war noch nicht gestartet, potenziell sehr anspruchsvoll und aufgrund der speziellen Thematik sensibel in Bezug auf die interne und öffentliche Meinung.

Der Auslöser zur Kontaktnahme war die Einsicht der Coachee, dass sie sich begleiten lassen wollte, um ihre eigenen (eher geringen) Defizite in Bezug auf Projektmanagement zu kompensieren sowie die Erfolgschancen des Projektes zu optimieren.

Der Coaching-Auftrag bestand darin, der Coachee als Sparringpartner zu dienen in Bezug auf die generelle Projektmanagement-Strategie und -Taktik: speziell der Umgang mit Stake-Holder und der Projektoberleitung. Daneben diente der Coach als Reflexionspartner für Prozess, Implementierung/Schulung sowie Kommunikation. Wo nötig wurde auch die Projektmanagement-Praxis punktuell bearbeitet und entwickelt.

Dieser Auftrag wurde mit Vorteil durch einen internen Coach bearbeitet, weil die umfassende Kenntnis des kulturellen und strategischen Umfeldes als wichtiger Erfolgsfaktor eingeschätzt wurde. Die Erreichung des Projekterfolges war klar die erste Priorität, die Entwicklung der Coachee »nur« zweite Priorität.

Ein externer Coach hätte möglicherweise die Entwicklungskomponente stärker betont oder zumindest den Zusammenhang zwischen Projekterfolg und Entwicklungsarbeit der Coachee thematisiert.

7.5.2 Beispiele aus dem Coaching-Alltag (extern)

Beispiel 1:

Von einem internationalen Beraterkollegen kam die Anfrage, das Coaching für eine Nachwuchsführungskraft zu übernehmen. Während einer Trainingseinheit in einem Führungsnachwuchsprogramm war es zu einer dramatischen Abstoßreaktion der Teilnehmergruppe bezüglich dieser zukünftigen Führungskraft gekommen. Bei einem Gespräch zwischen dem Linienvorgesetzten, dem Leiter PE und dem Trainer stellte sich heraus, dass der externe Trainer und der Leiter der Personalentwicklung erhebliche Bedenken bei dieser Kollegin im Softskill-Bereich sahen, der Linienvorgesetzte ihr fachliches Führungspotenzial zusprach. Als Kompromiss einigten sie sich auf Coaching als Einzelmaßnahme bei einem externen erfahrenen Coach, um dieser Kollegin noch eine faire Chance zu geben.

Kontext: Highpotentialprogramm/Gruppendynamik
Auftraggeber: Leiter Personalentwicklung nach Abstimmung mit externem Trainer und Linienvorgesetzten

Der Coaching-Auftrag umfasste
• Rollen-, Beziehungs- und Kontextklärung zwischen den Beteiligten
• Aufarbeitung einer traumatischen Erfahrung
• Entwicklung emotionaler und sozialer Kompetenz
• Transition von Fachkraft zur Führungskraft

Die Komplexität und Brisanz des Auftrags sprachen dafür, einen externen unbelasteten und erfahrenen Coach auszuwählen, der unbefangen und mit Autorität direkt an die Bearbeitung gehen konnte. Ein interner Coach wäre sicherlich auch dazu in der Lage gewesen, solange er keine Vorgeschichte mit den beteiligten Teilnehmern oder den beteiligten Vorgesetzten hätte. Zum anderen müsste sichergestellt sein, dass der interne Coach die nötige Akzeptanz besitzt, die zum Teil auch von einer gleichrangigen Positionierung zum Auftraggeber bestimmt ist.

Die Coachingaufgabe hätte aber auch als Zusammenarbeit mit einem internen Coach geleistet werden können, wobei der interne Coach z.B. den Aufbau und die Entwicklung emotionaler Kompetenz übernommen hätte.

Beispiel 2:

Der Geschäftsführer eines mittelständischen internationalen Unternehmens wandte sich direkt an den externen Coach und schilderte sein Anliegen per E-Mail.

Sein Anliegen war zwar selbstinitiiert, aber vermittelt und auf Empfehlung durch einen Coaching-Kollegen.

Auslöser: Als Teilnehmer eines allgemeinen Coaching-Programms kam der Coachee mit eigenen inneren Bedürfnissen und Ambivalenzen in Kontakt, die er in diesem Rahmen nicht bearbeiten konnte.

Der Coaching-Auftrag umfasste
- eine gemeinsame Standortbestimmung und Würdigung der bisherigen Leistungen des Klienten
- die Begleitung eines Abnabelungsprozesses bei gleichzeitiger Förderung neuer Bedürfnisse, Kompetenz- und Potenzialentwicklungen
- Fokussierung auf neue unternehmerische Herausforderungen
- Auswahl eines Nachfolgers

In diesem mittelständischen Unternehmen existierten keine internen Coachingressourcen. Der extrem hohe Qualifikationsstand der Mitarbeiter und seine umfassende internationale Ausrichtung vor allem in Europa, Amerika und Asien hätten aber eine unabhängige interne Coachingstelle gerechtfertigt. Gleichwohl wäre aufgrund der Sensibilität des Auftrages und der Stellung des Coachee ein interner Coach leicht überfordert worden.

Topmanagement und obere Führungskräfte tendieren dazu, eher externe Coaches auszuwählen, die eine bestimmte »Fachexpertise« ausstrahlen, in der sie sich aufgehoben fühlen. Sie versprechen sich neue Einsichten und Wendungen vermittelt durch den Coach.

Obwohl der Vergleich der beiden internen mit den beiden externen Fällen keineswegs repräsentativ ist, so fällt auf, dass bei den internen Coaches durch den Projektbezug die kurzfristigen Unternehmensinteressen vor den Entwicklungsinteressen stehen, wobei die Coachees dies selbst so definieren. Bei den externen Fällen ist der Entwicklungsbezug mindestens gleichrangig mit dem unternehmerischen Interesse, wobei im ersten Fall der Übergang in eine bekannte neue Position Gegenstand der Bearbeitung ist und im zweiten Fall Zukunft und Potenzial noch weitgehend offen sind.

Interessant ist zur Überraschung der beiden Autoren, dass – obschon nach langen Diskussionen und der gemeinsamen Einschätzung – häufig die Fälle von externen wie internen bearbeitet werden können. Wir haben gemeinsam entdeckt, dass über die Offenlegung der eigenen Annahmen sich diese »Enthüllungen« ergaben. Dabei stoßen wir mitunter auch auf unterschiedliche Grundverständnisse, die nicht ohne weiteres aufgelöst werden können, sondern offen thematisiert und akzeptiert werden müssen.

Schließlich gibt es Grundannahmen bei Coaches, die nicht primär mit der internen oder externen Rolle zu tun haben. Die Ansichten über die Frage, ob und wieviel Kenntnisse des Unternehmens nötig sind um erfolgreich zu coachen, gehen auseinander.

7.6 Zusammenspiel und Kooperation von internen und externen Coaches

Unternehmen, die vorwiegend auf interne Coaches vertrauen, haben möglicherweise eine kohärente Coaching-Kultur, laufen aber in Gefahr sich nach außen und insbesondere gegen Neuerungen von außen abzuschotten. Unternehmen, die sich zu sehr auf externe Coaches verlassen, riskieren, dass Eigeninitiativen innerhalb des Unternehmens und Neuerungen von innen verkümmern, sowie Abhängigkeiten nach außen entstehen. Sicher gibt es bestimmte Indikationen, die es ratsam erscheinen lassen, einen externen oder internen Coach einzusetzen. Dies verlangt eine sorgfältige Prüfung der Indikation, Rollen und individuellen Besonderheiten der zur Auswahl stehenden Coaches. Coaches unterscheiden sich erheblich aufgrund von Studium und Berufsausbildung; Coaching und coachingverwandten Aus- und Fortbildungen; Führungs-, Organisations- und internationalen Erfahrungen; ihrem Klientel und der entwickelten Fachexpertise – um nur einige Punkte zu nennen.

Ein Abwägen der Indikation sollte nicht nur mit einer Entweder-oder-Entscheidung verbunden werden, sondern einer differenzierten Überprüfung, ob und in welcher Form interne und externe Coaches zum Einsatz kommen, wie dieser Einsatz organisiert und gesteuert wird und welcher Beitrag vom Coach erwartet wird. Das Zusammenspiel und die Kooperation von Coaches und periodische Transitionen im Sinne von Rollenwechseln garantieren, dass Unterschiede optimal genutzt und auf spezifische Coachinginteressen der Unternehmen wie die Coachingbedürfnisse der Führungskräfte augerichtet werden können. Wirkungen können sich potenzieren.

Eine Fülle von Kooperation bieten sich an in Form von

- Austausch und Einbringen von gegenseitigen Sichtweisen und Erfahrungen, um die Professionalität und Effizienz der eigenen Arbeit auf höchstem Leistungsniveau sicherzustellen (Lern- und Entwicklungsbezug)
- Supervisionen von internen Coaching-Teams durch erfahrene externe Coaches (Qualifizierung, Qualitätssicherung; erweiterte Sichtweisen)
- unternehmensübergreifenden Intervisionen mit Coaching-Teams aus mehreren Unternehmen als Teilnehmer (Benchmarking, Kollegiales Lernen)
- gemischten Coaching-Teams bei komplexen Coachingmaßnahmen (siehe oben)
- zielgruppenspezifischen Einsätzen (Externe für das Topmanagement; Interne für unteres und mittleres Management)
- Einsatzreserven zur Ergänzung zu internen Coachingressourcen (Quantität; Fachexpertise)
- gezielten, befristeten, kritischen und sensiblen Einsätzen (Konflikt, Krise)
- Prozessbegleitung von ausgewählten Projekten (Strategie; Unternehmenskultur)

Kooperationen erfordern eine klare Steuerung und Strategie, maßgeschneiderte Organisationsformen, regelmäßige Prozessreviews und reflektierende Auswertungen über die Arbeit der Coaches, ihrer Fälle und Klientengruppen, sowie offener Zugang zur Geschäftsleitung.

8. Coaching: Ein Instrument der Unternehmensentwicklung

Hans Glatz und Martin Lamprecht

Einleitung

»Ich habe unsere Führungskräfte auf viele Seminare geschickt. Meistens kommen sie voll von neuen Ideen zurück. Leider müssen wir meistens feststellen, dass diese unter dem Druck des Alltagsgeschäftes bald verblassen und sich langfristig nicht wirklich was ändert«, klagt ein Personalmanager eines größeren östereichischen Industriebetriebes. »Ich frage mich, was meinen Führungskräften eine effektive Unterstützung bei der Umsetzung ihrer Ideen und Ziele bieten könnte.«

Eine anders als seminaristische, meist langfristigere Begleitung, oft unter dem amerikanischen Begriff »Coaching« zusammengefasst, wird immer öfter zum Thema bei Entwicklungsprogrammen und bei Veränderungsprozessen. Was ist es nun, dieses Coaching, für das es scheinbar keinen adäquaten deutschen Begriff geben will? Ist es tatsächlich ein neues Instrument der Personal- und Organisationsentwicklung, das durch eine besondere Qualität Veränderungen rascher und effektiver in Gang bringt? Oder ist es eben nur eine weitere Modeerscheinung der Managementforschung, wie sie regelmäßig auftauchen und hauptsächlich Berater beschäftigt halten? Wir durchleuchten dieses Thema im folgenden kritisch und bieten konkrete Beispiele und praktische Methoden an.

Warum Coaching?

Ein Geschäftsführer eines mittelgroßen Familienunternehmens ist verzweifelt. Der Leiter des Rechnungswesens nahm seine Führungsfunktion einfach nicht wahr. Er war fachlich äußerst kompetent, in der Führung seiner Abteilung von 5 Mitarbeitern hatte er Angst, Konflikte anzusprechen und konstruktiv auszutragen. Auch konnte er sich gegen zwei starke Persönlichkeiten nicht durchsetzen. »Die Lage eskalierte«, so der Geschäftsführer. »Die zwei starken Mitarbeiter gaben den Ton in der Abteilung an und machten was sie wollten. Trotz wiederholter Aufforderung, die Sache unter Kontrolle zu bringen, schien der Leiter des Rechnungswesens hilflos. Es war nicht so, dass er nicht wusste, was zu tun wäre, es war einfach nicht sein Naturell, fest durchzugreifen.«

Beispiele wie diese sind uns in unserer Beratungstätigkeit unzählige Male erzählt worden. Sie enden üblicherweise mit Frustration der Betroffenen, unterdrückten Konflikten, Machtspielen, Spaltungen im Team, Versetzungen und nicht selten mit Personalfluktuation. Die Kosten für das Unternehmen, sowohl finanziell als auch emotionell, sind hoch. Manchmal wird versucht, die Führungskraft zu schulen. In unserem Beispiel wurde der Leiter des Rechnungswesens auf Führungstrainings geschickt, besuchte Konfliktseminare. Der Erfolg war nur eingeschränkt. Warum? Er hatte zwar die theoretische Fähigkeit, konnte sie jedoch nicht umsetzen. Es war eben nicht »sein Naturell«. Die Schulung von Fähigkeiten ändert das Naturell selten. Psychotherapie anzubieten ist trotz nachweisbarem Erfolg in der Entwicklung der Persönlichkeit im unternehmerischen Kontext Tabuthema und wird fast immer als Beleidigung aufgefasst. Intuitiv kommt als Nachricht an, »Sie sind als Person nicht in Ordnung« (im Gegensatz zu allen anderen), worauf üblicherweise mit schamvoller Aggression reagiert wird. Also resignieren Vorgesetzte wie Mitarbeiter seufzend vor dem Naturell, das in der Führungsaufgabe zumindest teilweise nicht funktional ist, und alle sind unglücklich.

Trotzdem sind sich viele Seminarveranstalter, Führungskräfte und Autoren von Managementliteratur einig, dass gerade heute nicht die Fachkompetenz alleine ausschlaggebend ist. Soziale Kompetenz wie Führungskompetenz sind absolute Notwendigkeiten und mindestens gleich hoch zu bewerten. Also werden Nachwuchs wie gewachsene Führungskräfte auf persönlichkeitsbildende und sozialkompetenzerhöhende Workshops gesandt, und es wird erwartet, dass dort 40 Lebensjahre Entwicklungsgeschichte flugs vergessen gemacht werden können. Wir glauben, dass das kaum möglich ist. Irgendeine Brücke zwischen Hilflosigkeit und Therapie muss es doch geben, und wir glauben, dass sich Coaching dafür anbietet.

Coaching ist ein längerfristiger Begleitprozess, wo an den geistigen und emotionalen Blockaden gearbeitet wird, die einer aktiven Veränderung entgegenstehen. Ängste können thematisiert werden, man kann riskieren verletzlich bzw. nicht Herr der Lage zu sein und sich mit den eigenen Unsicherheiten auseinandersetzen. Man kann Anworten suchen, ohne sie gleich wissen zu müssen. Man wird nicht kritisiert, leistungsbeurteilt, zielgesetzt oder verliert die Erfolgsprämie oder das Gesicht. Man kann ohne Leistungsdruck im »See der eigenen Ressourcen fischen«, sich selbst besser verstehen lernen und Unterschiede im Wollen, Können und Dürfen hinterfragen. Und das in einer der Unternehmenskultur angepassten Form, ohne die Angst, durch therapeutische Regressionen die Würde zu verlieren.

Wir behaupten: Coaching ist Hilfe zur Selbsthilfe!

Das heißt: Der Coach gibt keine Problemlösungen, sondern hilft durch gezielte Fragen oder andere später beschriebene Methoden, eine Findung der Lösung beim Coachee (Coaching-Kunde) anzuregen. Während beim Training neue Fertigkeiten gelehrt und geübt werden, unterstützt Coaching den Coachee bei der Umsetzung und Anwendung von Fähigkeiten und des kognitiven Wissens in speziellen, schwierigen, neuen Situationen. Coaching leistet Hilfe bei der Orientie-

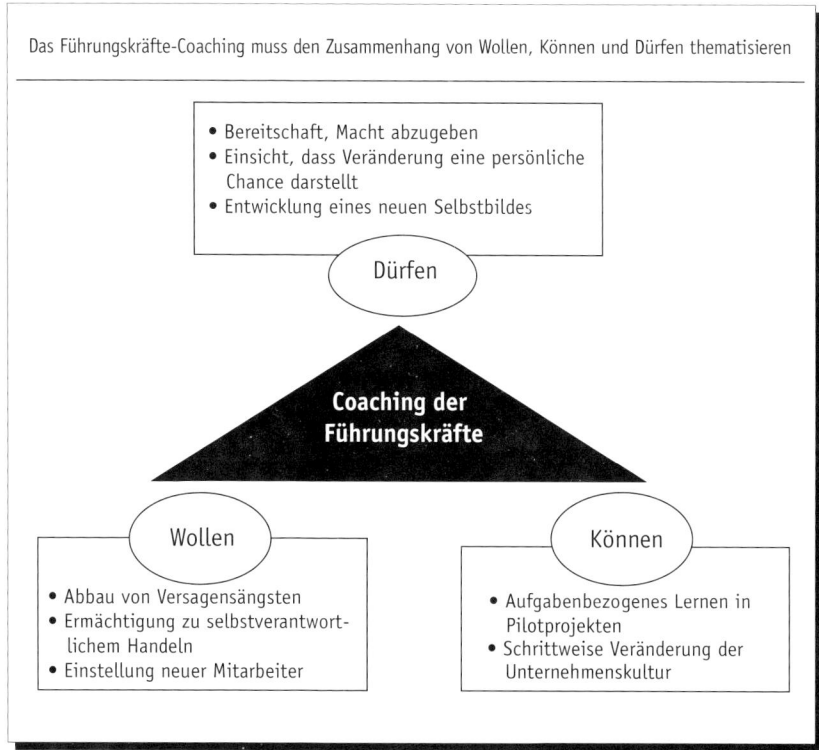

Das Führungskräfte-Coaching muss den Zusammenhang von Wollen, Können und Dürfen thematisieren

• Bereitschaft, Macht abzugeben
• Einsicht, dass Veränderung eine persönliche Chance darstellt
• Entwicklung eines neuen Selbstbildes

Dürfen

Coaching der Führungskräfte

Wollen

Können

• Abbau von Versagensängsten
• Ermächtigung zu selbstverantwortlichem Handeln
• Einstellung neuer Mitarbeiter

• Aufgabenbezogenes Lernen in Pilotprojekten
• Schrittweise Veränderung der Unternehmenskultur

Abbildung 1: Zusammenhänge im Coaching   (Quelle: H. G. Servatius (1994)

rung in neuen Situationen und gibt Anwendung-/Umsetzungsunterstützung. Es setzt voraus, dass der Coachee die wesentlichsten Potenziale und Fähigkeiten, um in der neuen Situation zu bestehen, mitbringt. Coaching ist bestrebt, die Selbstständigkeit des Coachee zu erhöhen und vermeidet alles, was diesen abhängig macht.

Im Folgenden wollen wir anhand von zwei Beratungsprojekten aufzeigen, wo und wie wir Coaching eingesetzt haben, welche Überlegungen uns geleitet haben und welche methodischen Erfahrungen wir daraus gewonnen haben.

Praxisbeispiel: Coaching in einem Entwicklungsprogramm für Führungskräfte

In einem österreichischen Produktionsbetrieb haben wir gemeinsam mit der Personalabteilung ein Entwicklungsprogramm für Nachwuchskräfte entwickelt. Das Grundkonzept: Die Nachwuchskräfte besuchen einerseits Seminare, andererseits sind deren Führungskräfte vom Vorstand beauftragt, begleitendes Coaching durchzuführen. Ziel für das Coaching ist die Umsetzung des Erlernten zu ermöglichen und an individuell unterschiedlichen Entwicklungsthemen mit jeder Nachwuchskraft zu arbeiten. Wir möchten anhand dieses Beispiels unser Verständnis über die Vorgehensweise beim Coaching näher erläutern.

Wir differenzieren in einem Coachingprozess vier Phasen:

1. Kontraktgespräch über das gesamte Coaching

2. Zielvereinbarungen für jede Coachingsitzung

3. Gestaltung der einzelnen Coachingsitzungen

4. Reflexion des gesamten Coachingprozesses

8.1 Kontraktgespräch

Zu Beginn des Coaching geht es darum, die Form der Coachingbeziehung zu klären. Meist bestehen unterschiedlichste Vorstellungen zwischen Nachwuchskraft und Führungskraft darüber, wieviel Zeit, in welcher Regelmäßigkeit, mit welcher Priorität und in welcher Vertraulichkeit diese Gespräche stattfinden sollen. In unserem Beispiel des Produktionsbetriebs maßen die Nachwuchskräfte dem Coaching sehr hohe Bedeutung zu. Es bot doch die Möglichkeit, intensiv von und mit der Führungskraft zu lernen. Die Führungskraft hat jedoch ganz andere Probleme und ein Bereichsleiter bringt die Situation auf den Punkt: »Mein Vorstand verlangt zwar, dass ich coache, wenn's dann um meine Leistungsbeurteilung geht, werde ich sicher nicht gefragt, wieviele Coachingstunden ich gehalten habe. Ich werde vielmehr danach beurteilt, ob ich meine Umsatzziele erreicht habe.« Wir halten es für wichtig, dass die reale Situation deklariert wird und so sein darf, wie sie ist. Anderenfalls kommt es zu Absichtserklärungen oder Lippenbekenntnissen, die nie eingelöst werden können, was fast immer zu Enttäuschungen und Frustrationen beiderseits geführt hat.

In unseren Anleitungen zum Kontraktgespräch erscheint es uns daher besonders wichtig, potenzielle Spannungsfelder der Bedürfnisse und Unternehmenssituation zu diskutieren und eine realistische Vereinbarung zur Coachingbeziehung zu treffen. Das Kontraktgespräch ist also ein Verhandlungsprozess zwischen Coach und Coachee, bei dem Einigkeit zu folgenden Themen gefunden werden soll:

Was sind die Zielsetzungen und Kernthemen für den gesamten Coachingprozess?

Wir unterscheiden dabei grundsätzlich drei Formen von Coaching für unterschiedliche Anlässe:

- Beim situationsbezogenen Coaching ist das Ziel, für eine bestimmte Situation erfolgreiche Handlungsmöglichkeiten zu erarbeiten. Das kann eine schwierige Verhandlungssituation mit einem Kunden sein oder die Vorbereitung einer weitreichenden Entscheidung. In einer vereinbarten Anzahl von Coachingsitzungen wird die Situation beleuchtet und eine Begleitung bei der Erarbeitung von Lösungen geboten.

- Beim rollenbezogenen, begleitenden Coaching erfolgen üblicherweise in regelmäßigen Abständen (in der Regel alle 2-4 Wochen) über eine gewisse Zeit (3-6 Monate) Coachingsitzungen, in denen Situationen des Führungsalltags besprochen und bearbeitet werden. Es kann zum Beispiel darum gehen, sich rasch in eine neu übernommene Führungsaufgabe einzuleben oder seine Rolle als Projektleiter besser auszufüllen. Jede Coaching-Sitzung ist auf die Situation der Führungskraft zum gegebenen Zeitpunkt fokussiert. Die Zielvereinbarung erfolgt zu Beginn jeder Sitzung. Durch konsequente Bearbeitung von alltäglichen Führungserlebnissen über eine längere Zeit entstehen erweiterte Handlungsspielräume und bewusste Reflexion des eigenen Verhaltens als Führungskraft.

- Dem entwicklungsorientierten Coaching liegt meistens irgendeine Diagnose der Entwicklungsfelder des Coachee zugrunde, in welcher er Feedback über Stärken und Schwächen in der Ausübung seiner spezifischen Aufgaben erhielt. Diese Diagnose gilt dann als Ausgangsbasis für das Coachingprogramm. In unserem Beispiel des Produktionsbetriebes erfolgte diese Diagnose durch ein strukturiertes Feedback an die Nachwuchskraft seitens deren Führungskraft sowie einigen Untergebenen und Kollegen (360; Feedback). Einige Entwicklungsfelder eigneten sich zur Bearbeitung in der Coachingbeziehung, andere wurden durch Projektarbeiten oder Ausbildungskurse bearbeitet.

Welche Erwartungen hatten Coach/Coachee über ihre Rollen?

»Ich erwarte mir Hinweise und Lösungen für Probleme, bei denen ich nicht weiterkomme. Ich will auch, dass Sie Ihre Beziehungen für mich einsetzen und mir helfen, einen Karrieresprung zu machen. Weiters will ich Ihnen zeigen, wie kompetent ich bin, so dass Sie mich schätzen und ich der Star in Ihrer Abteilung bin«.

Wir vermuten, dass dies oder ähnliches die größtenteils unausgesprochenen Erwartungen der Nachwuchskräfte in unserem Produktionsbetrieb sind. Im Prinzip enthält dies sehr viele »Fallen«, die da auf einen Coach warten, da die eigentliche Entwicklung meist mit ganz anderen Bedürfnissen vermischt ist. Besonders in unserem Fall, wo die eigene Führungskraft der Coach ist, entsteht bei manchen Coachees die paradoxe Situation des Hin- und Hergerissenseins zwischen »lernen wollen« (= Schwächen zugeben) und »Eindruck machen zu wollen« (= Schwächen verbergen).

Die Erwartungen der Coaches hingegen können folgendermaßen aussehen: »Ich will einmal wissen, was die Basis denkt. Ich will erfahren, was so hinter den Kulissen meiner Abteilung los ist. Ich will auch wissen, ob sich mein Coachee als nächster Abteilungsleiter eignet, ob ich ihn zur Führungskraft über die Arbeitsgruppe X machen kann. Ich will den auch einmal besser kennen lernen, wie er eigentlich wirklich so ist. Eigentlich will ich, dass mein Coachee nicht so begriffsstutzig und bockig ist und die Dinge endlich so macht, wie ich es will.«

Im Kontraktgespräch gilt es, möglichst vieler dieser unausgesprochenen Bedürfnisse bewusst zu machen und die Rollen für die Coachingbeziehung zu klären. »Ich als Ihr Coach werde Ihnen kaum Lösungen anbieten. Vielmehr werde ich Sie durch Fragen ermutigen, Ihre eigenen Lösungen zu finden.« Je klarer ist, wie sich jeder Einzelne die Zusammenarbeit vorstellt, desto weniger wird es später Enttäuschungen geben. Es verlangt auch viel Disziplin von Coach und Coachee, sich der eigenen emotionalen Bedürfnisse bewusst zu sein und deren Einfluss auf das eigentliche Ziel von Coaching, nämlich Entwicklung, zu berücksichtigen.

Welche Struktur gaben wir den Coachingsitzungen (Dauer, Ort, Häufigkeit)?

Der strukturelle Rahmen ist oft das Rückgrat der Coachingbeziehung, der dafür sorgt, dass es nicht bei einmaligen halbherzigen Versuchen bleibt. Es ist notwendig zu klären, wer die Coachingsitzungen initiiert, wo sie stattfinden, wie die Termine festgelegt werden und wieviele Sitzungen in Summe angestrebt werden. In unserem Produktionsbetrieb wurden die Sitzungstermine in der Sitzung für das nächste Mal vereinbart, starre Vereinbarungen wie »jeden Dienstag, 18.00–20.00 Uhr« waren nicht einhaltbar. Die Sitzungen fanden monatlich bis vierteljährlich statt, und die Initiative ging vom Coachee aus. Als Ort wurde ein Besprechungszimmer vereinbart, nicht das Zimmer des Chefs, um bewusst zu signalisieren »heute geht's nicht ums Tagesgeschäft«.

Welche Spielregeln vereinbarten wir in Bezug auf Grenzen, Verbindlichkeit, Vertraulichkeit?

Hier gilt es zu klären, wie mit heiklen Situationen umgegangen wird und vor allem, wo die Grenzen der Vertraulichkeit sind. Wie wird mit privaten, mit entwicklungsgeschichtlichen oder familiären Themen umgegangen? Manchmal fordern Coaches unbedingte Offenheit zu allen Lebensthemen. »Nur wenn der Coachee alles mit mir bespricht, kann ich sie/ihn auch wirklich wirksam unterstützen.« Wir teilen diese Ansicht nicht. Unserer Auffassung nach beschränkt sich Coaching auf jenen Teil des Lebens, der die Führungsfunktion (oder das professionelle Wirken) betrifft. Es geht im Coaching nicht darum, Eheprobleme zu diskutieren oder Laienpsychotherapie zu betreiben. Tiefer sitzende charakterstrukturelle Themen und unauflösbare Probleme im Privatleben sind unserer Differenzierung nach Inhalte der Psychotherapie und übersteigen den Rahmen des Coaching.

8.2 Zielvereinbarung

Hier geht es darum, die Grobziele des Kontraktgesprächs nochmals zu spezifizieren. In unserem Beispiel erfolgte die Zielvereinbarung für das Coaching anhand der schriftlichen Feedbacks an die Nachwuchskraft. Führungskraft und Nachwuchskraft diskutierten die Rückmeldungen gemeinsam und einigten sich auf Kernthemen, auf die sich das Coaching beziehen sollte.

Beim Denken in Zielen ist es wichtig, zwischen ENDzielen und ETAPPENzielen zu unterscheiden.

Endziel unseres Leiters des Rechnungswesens könnte etwa sein, seine Abteilung wie ein Unternehmer zu führen, leistungsorientiert, flexibel und innovativ. Auf dem Weg dahin müssen für ihn konkrete, erreichbare Zwischenziele stehen, wie Konflikte produktiv zu bereinigen, Autorität aufbauen, Zeit für die Führungsarbeit einplanen usw. Das Endziel liefert die Inspiration und Motivation, die Etappenziele bestimmen die einzelnen Schritte.

Um ein nicht kontrollierbares Endziel auf kontrollierbare Etappenziele zu stützen, müssen diese Ziele SMART sein. SMART steht für:

S – Spezifisch und situationsbezogen

M – Messbar in Quantität und Qualität

A – Attraktiv und herausfordernd

R – Realistisch und bei Anstrengung auch erreichbar

T – Termingerecht, mit klarem Zeitplan

Der Coach und sein Partner verwenden jeweils die erste Zeit jeder Sitzung, um gemeinsam festzustellen, welches Ergebnis das Gespräch jeweils haben soll und eine SMARTe Zielvereinbarung zu treffen.

8.3 Ablauf der Coachingsitzungen

Als Coach unterstütze ich den Partner, der seine Kernqualitäten und Fähigkeiten zielstrebig und engagiert entwickeln will. Ich rege an, konfrontiere und setze mich für eine klare Gesprächsstruktur ein. Ratschläge und Anweisungen zu erteilen, ist nicht meine Aufgabe. Wichtig ist, immer vor Augen zu haben, was Coaching bezweckt:

- Bewusstsein und Ich-Bewusstsein beim Coachee schaffen; Bewusstsein ist, zu wissen, was um mich herum geschieht. Ich-Bewusstsein im Sinne von Selbstreflexion ist zu wissen, was ich erlebe und erfahre. Nimmt der Rechnungswesenleiter die Situation wirklich wahr oder muss er sich zuallererst mit den relevanten Fakten und Anforderungen auseinandersetzen? Solange er seine Führungsaufgabe nicht wirklich sieht, wird sich gar nichts ändern. Ich-Bewusstsein schaffen, müsste für ihn heißen, sich mit den Fragen auseinanderzusetzen: »Was hindert mich, meine Fachaufgaben zugunsten der Führungsaufgaben zurückzunehmen?«, Was würde passieren, wenn ich wirklich führe?«, »Was gewinne ich, was müsste ich aufgeben?«

- Verantwortlichkeit entwickeln, Verantwortungsübernahme fördern. Ich als Rechnungswesenleiter habe die Wahlmöglichkeit. Ich kann aktiv oder reaktiv handeln und in diesem Fallbeispiel die Führung als Gestaltungsaufgabe annehmen, mich wie bisher aufs Reagieren beschränken oder auch die Führungsrolle wieder abgeben. Der Coach kann diesen KlärungsProzess fördern. Ein Coaching, das nicht zu sicht- und spürbaren Konsequenzen beim Coachee führt, hat sein Ziel verfehlt.

Wie gehe ich als Coach nun konkret vor, um Bewusstsein und Verantwortung in jeder Sitzung zu erreichen? Eine geistige Landkarte, um durch die jeweilige Sitzung zu steuern, stellt die folgende Abbildung dar:

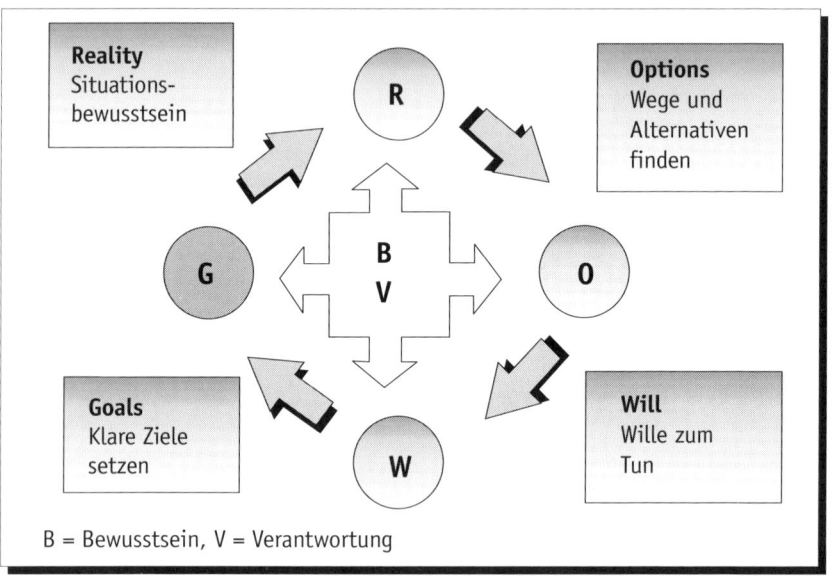

Abbildung 2: G.R.O.W. Modell von John Whitmore (1995)

Schauen wir am Beispiel unseres Leiters des Rechnungswesens, wie uns das Modell helfen kann.

- *G – Goals (Ziele) festlegen: Ist bei unserem Rechnungswesenleiter das Bewusstsein für eigene Lernziele vorhanden? Für längerfristige Entwicklungsziele und kurzfristige Lernziele? Lassen Sie ihn diese formulieren.*

- *R – Realität ausleuchten: Ist die Ausgangslage, sind die Anforderungen klar? Was hat er bisher schon probiert – mit welchem Erfolg? Worin bestehen die Veränderungshindernisse? Es geht hier darum, nicht im Sinne eines falsch verstandenen »positiven Denkens« zu rasch an konkrete Maßnahmen heranzugehen und in einen Aktionismus zu verfallen, im Sinne des vom bekannten österreichischen Kabarettisten Qualtinger stammenden Spruches: »i was zwar net, wo i hin will, aber dafür bin i schneller dort«.*

- **0 – Optionen, Möglichkeiten erkunden:** *Welche Möglichkeiten hat unser Leiter? Kann ich ihm als Coach helfen, sein Betrachtungsfeld zu erweitern, etwa, dass er bei Konflikten nicht automatisch immer die Option »Flucht« wählt, sondern andere, möglicherweise adäquatere Formen wie Auseinandersetzung und Konfliktbewältigung?*

- **W – Wille, Umsetzungsschritte setzen:** *Was ist unser Rechnungswesenleiter tatsächlich bereit zu tun? Entspricht das den formulierten Zielen? Was ist der erste Schritt, was die folgenden? Wie wird er mit den Hindernissen umgehen?*

8.4 Auswertung und Reflexion des Coachingprozesses

Die Auswertung von Coachingaktivitäten sollte auf drei Ebenen erfolgen:

- Nach jeder Einheit zwischen Coach und Coachee: Kurz auswerten, wie sie den Gesprächsverlauf jeweils erlebt haben. Störungen, Abweichungen und Bedenken sollten von beiden Seiten offen angesprochen werden, um die Arbeits- und Vertrauensbeziehung zu stärken. Es liegt am Coach, diese qualitätssichernde Maßnahme nicht zu vergessen.

- Persönliche Reflexion der Coachinggespräche durch den Coach, etwa in einer Supervision. Fragen sind:
- Beziehung: Wie schaffe ich Vertrauen? Welche Art von Beziehung schaffe ich?
- Zielformulierung: Wie klar und zielorientiert ist das Gespräch?
- IST-Situation beleuchten: Wie lange und genau erforschen Sie die Lage, bevor Sie zu den Lösungsmöglichkeiten kommen? Wie prüfen Sie, ob Sie die Situation richtig verstanden haben?
- Lösungsfindung: Wo übernehmen Sie das Problem des Coachee? Wo erteilen Sie Ratschläge? Wie erweitern Sie die Möglichkeiten des Klienten? Wie sehr berücksichtigen Sie das Umfeld?
- Umsetzung: Wie konsequent sind Sie in Bezug auf die Handlungsorientierung? Überprüfen Sie getroffene Vereinbarungen?

Hilfreich wird für den Coach sein, wenn er sich von jedem Gespräch kurze Notizen macht: Datum der Sitzung, Inhalte, Themen, Vereinbarungen und spezielle Bemerkungen.

- Reflexion des gesamten CoachingProzesses nach Ende eines Coachingkontraktes. Etwa wenn 10 Stunden vereinbart waren oder wenn Coach und Coachee den Prozess beenden. Themen sind:
- Mit dem Coachee auf die Ziele zu schauen: »Was haben wir genau vereinbart – und was haben wir erreicht?«
- Woran erkennt der Coachee im Einzelnen, welche Ziele er erreicht hat?
- Was ist jetzt anders als vorher? (Ergebnisse, Verhalten, Haltung/Einstellung)
- Feedback des Klienten: Wie hat der Coach ihn unterstützt?
- Was war im Prozess insgesamt förderlich – hemmend?
- Welche Abschlussvereinbarungen treffen wir?

8.4.1 Gruppen-Coaching: Ein Praxisbeispiel aus einem Krankenhaus

Die Führung eines großen Stadtspitals engagierte uns als Berater, um folgende Herausforderungen besser zu bewältigen:

- Ärzte, Pflegepersonal, technisches und Verwaltungspersonal sollen Prozessorientiert und kooperativ handeln, um die Dienstleistungsqualität des Hauses zu steigern.

- Die Patienten sollen in den Mittelpunkt rücken. Die Mitarbeiter sollen den Patienten mit der Haltung begegnen: »Das ist mein Kunde.«

- Die Zufriedenheit, Identifikation und Motivation der Mitarbeiter sollte gefördert werden, um das Spital als attraktiven Arbeitgeber zu profilieren und die Fluktuationskosten zu vermindern.

Mit herkömmlichen Veränderungs- und Weiterbildungsansätzen waren diese Ziele nicht zu erreichen. Der Schlüssel lag in der Verbindung von aktionsorientierten Lernen durch das Handeln von Personen und Organisationseinheiten. Ein Entwicklungsprogramm für die mittlere Führungsebene (Oberärzte, stationsführende Schwestern, Technik- und Verwaltungspersonal) sollte die Veränderungsfähigkeit des Hauses mobilisieren. Ziel des Programms war, die Führungskräfte zu ermutigen, die Verantwortung für konkrete Veränderungen zu übernehmen, fehlende Handlungskompetenzen sollten sie sich aneignen und bei der Lösung konkreter Probleme berufsgruppen- und abteilungsübergreifend zusammenarbeiten.

Das Programm, an dem etwa 60 mittlere Führungskräfte beteiligt waren, umfasste:

- 6 Seminarmodule, wo Konzepte und Werkzeuge vermittelt wurden; Arbeit am persönlichen Führungsverständnis und Führungsinstrumente, Qualitäts- und Prozessmanagement, wirtschaftliche Führung, Kalkulation und Kostenmanagement, Moderation und Selbstmanagement, Teamarbeit und Konfliktlösung.

- Jeder Teilnehmer führte selbst ein Veränderungsprojekt durch, wobei obere Führungskräfte als Auftraggeber, Promotoren und Mentoren eingebunden waren. Mittels Einzel- und Gruppencoaching wurden sie auf ihre Rolle vorbereitet, weil das Projektlernen sehr konkret und spürbar den organisatorischen Kontext des Krankenhauses (hierarchische Schranken, Berufsgruppendenken, Abteilungsegoismus,...) berührte. Die oberen Führungskräfte als Auftraggeber der Projekte mussten sensibilisiert werden, den Rahmen für die Projektarbeit bereitzustellen.

- Je 5-6 Teilnehmer bildeten eine Aktions-Lerngruppe, deren Hauptziel das interdisziplinäre und berufsgruppenübergreifende Lernen war. In Form von Gruppen-Coaching erhielten die Teilnehmer Unterstützung von außen und unterstützten sich gegenseitig.

Im Folgenden beschreiben wir den Prozess des Gruppencoaching. Dieses stellt eine besonders wirkungsvolle Form der Führungskräfteentwicklung speziell im Krankenhaus dar.

Coaching in den Lerngruppen

Je 5-6 Teilnehmer trafen während eines Jahres mindestens einen Tag pro Monat zum Erfahrungsaustausch und zur wechselseitigen kollegialen Beratung und zum persönlichen Feedback zusammen. Themen waren die Veränderungsprojekte, die aktuelle Führungssituation, Konflikte und Alltagsprobleme. Am Beginn traf sich die Gruppe unter Anleitung eines erfahrenen Moderators und Coach, später in Eigenverantwortung.

Was ist das Besondere dieses Gruppen-Coaching?

Durch das regelmäßige Zusammentreffen von Personen unterschiedlicher Fachrichtungen (Ärzte, Pflege, Technik, Verwaltung) und Hierarchiestufen werden alte Verhaltensmuster rasch verändert, Konflikte können produktiv ausgetragen werden und die Bereitschaft für die Zusammenarbeit in der alltäglichen Praxis steigt. Während am Beginn große Reserviertheit gegen diese Lernform bestand, wurden in der Auswertung des Führungskräfteprogrammes diese berufsgruppenübergreifenden Lerngruppen besonders positiv bewertet.

Besondere Vorzüge sind:

- Hoch interaktiv und herausfordernd für jeden; kein Rückzug ins eigene Kämmerlein, sondern Auseinandersetzung in der Gruppe

- Konkrete Arbeitssituationen stehen auf der Tagesordnung

- Entwicklungsbegleitend durch die regelmäßigen Treffen über ein Jahr

- Prozessorientiert durch die schrittweise Bearbeitung komplexer Themen und Projekte

- Dennoch keine längere Abwesenheit der Teilnehmer von Arbeitsplatz und geringer organisatorischer Aufwand.

8.4.3 Was passierte in diesen Gruppen?

Die Mitglieder der Lerngruppen wurden in den Seminarmodulen mit der Haltung des Coaching und entsprechenden Methoden vertraut gemacht. Zusätzlich begleitete ein externer Coach die Lerngruppe am Beginn. Mit der Gruppe wurden Strukturen und Methoden für diese Lerntage erarbeitet und praktisch erprobt. Nach diesem Startpaket arbeiteten die Gruppen eigenständig weiter und hatten sodann die Möglichkeit, telefonisch oder in den Seminarmodulen mit den externen Beratern Erfahrungen und Probleme zu beraten.

Der einzelne Teilnehmer brachte Fragen aus seinem Projekt oder seinem Arbeitsfeld ein:

- Sein Projektkonzept und die geplante Vorgangsweise

- Heikle Gespräche mit Vorgesetzten

- Führungs- und Kommunikationsprobleme

- Krisensituationen im eigenen Team, Qualitätsprobleme

- Persönliche Fragen wie Karriere oder Rollenunsicherheit.

Die Gruppe bearbeitete gemeinsam nach der Struktur G.R.O.W. das Thema, stellte Fragen und entwickelte mit dem Fragesteller Ziele, Lösungsansätze und Schritte. Die Gruppe hatte die Aufgabe, durch Fragen Denkprozesse anzuregen, Blockaden zu bearbeiten und dem Teilnehmer zu helfen, seinen Weg zu finden. Sie war dafür sensibilisiert, die Probleme nicht für den Fragesteller zu lösen. Der Fragesteller hatte die Chance, in einer vertrauensvollen Atmosphäre persönliche Einstellungen und Motive anzusprechen, Stärken und Schwächen zu reflektieren und sein Verhalten im beruflichen Umfeld zu überprüfen. Wichtig war, dass nicht nur die rationalen Aspekte eines Themas Platz hatten, sondern mit zunehmenden Vertrauen auch die emotionale Dynamik. Die Teilnehmer wurden dadurch sensibler in ihrer Selbstwahrnehmung und lernten auch andere Teilnehmer anders zu sehen und mit ihren jeweiligen Gefühlen zu akzeptieren.

Pro Lerntag hatte jedes Gruppenmitglied die Gelegenheit, sich für etwa eine Stunde coachen zu lassen. Die Teilnehmer lernten auf diese Weise überraschend schnell, auch schwierige Projekte kompetent zu bearbeiten, knifflige Situationen etwa in der eigenen Abteilung anzupacken und Konflikte produktiv anzugehen. Das Selbstbewusstsein wurde gestärkt, die Gruppe gab persönlichen Rückhalt.

8.4.4 Wie läuft ein Gruppencoaching ab?

Ein Mitglied der Gruppe führte jeweils als Moderator durch den Tag. In folgenden Phasen liefen die kollegialen Coachings ab:

1. Fragesteller

- Knüpft an die letzte Beratung an (Was war Thema, welches Ergebnis?)
- Was hat sich daraus entwickelt? (Was habe ich getan? Mit welchen Ergebnissen? Wie ist es mir gegangen?)

2. Gruppe

- Teilnehmer können nachfragen, um Situation und Hintergründe zu verstehen. Keine Diskussion.

3. Fragesteller

- Meine Fragen für das Coaching: Was beschäftigt mich? Wo brauche ich Klärung, eine Idee ...? Was will ich von euch?

4. Gruppe

- Zielvereinbarung treffen
- Fragen stellen (G.R.O.W. als Struktur)
- Vermutungen (Hypothesen) bilden
- Persönliche Rückmeldungen geben
- Sparsam Ideen, Hinweise, Rat geben

5. Fragesteller

- Resümee ziehen, Kommentar abgeben
- Was ist mir klarer? Welche Anregungen habe ich aufgenommen?
- Was werde ich konkret tun? (Einzelschritte)

6. Gemeinsam

Reflexion und Bilanz: Ist etwas offen geblieben? Entsprach die Vorgangsweise den Coachingregeln? Persönliche Feedbacks und Empfindungen austauschen?

Erfolgsbilanz des Spitalprojektes

Die konkreten Anforderungen des Spitals gaben die Entwicklungsrichtung an. Die Veränderungsbedingungen und -bedürfnisse wurden sehr klar vorgegeben, während die Teilnehmer sich ihre persönlichen Lernziele sehr individuell steckten und Veränderungsprojekte ihrer Wahl bearbeiten konnten. Coaching hat geholfen, die Lücke zwischen Lernen und Anwenden im Arbeitsfeld zu schließen.

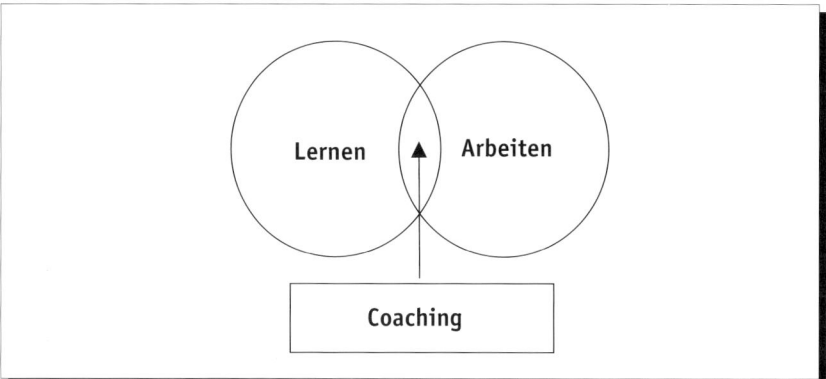

Gruppenlernen wurde ein fixer Bestandteil, um nicht den Einzelkämpfer zu fördern. Qualitätsarbeit in interdisziplinären Prozessteams wird für die zukünftige Attraktivität und Wettbewerbsfähigkeit eines Krankenhauses von entscheidender Bedeutung sein.

Schlusswort: Was kann Coaching leisten?

Wandel und Lernen waren im Unternehmensalltag noch nie so deutlich gefordert wie heute. Das zunehmende Tempo der Veränderung ist nur zu bewältigen, wenn möglichst viele Menschen in einer Organisation frühzeitig und proaktiv an den Veränderungen mitarbeiten und sie mit Eigeninitiative vorantreiben. Coaching ist dazu ein wichtiges Werkzeug.

Coaching ist sowohl eine professionelle Leistung, die von Spezialisten in verschiedenen Situationen erbracht wird, als auch Denkstil und Werkzeug für Mitarbeiter und Manager, das in vielen Situationen wertvolle Hilfe leistet und sinnvoll anwendbar ist. Es hilft Menschen, mit Situationen besser umzugehen, Probleme zu lösen, sich Fertigkeiten anzueignen und Menschen und Gruppen weiterzuentwickeln. Es verlangt eine positive und lösungsorientierte Einstellung zu Mitarbeitern, Kunden, Kollegen. Das Ergebnis werden verbesserte Leistungen, schnelleres Lernen und ein entspannteres Arbeiten sein.

Coaching hat auf mehreren Ebenen seinen Platz. Ein externer Coach ist sicher am Platz, um auch oberen Führungskräften, die nicht in »Lernbiotope« integrierbar sind, Lernen zu ermöglichen. Für hochbezahlte Führungs- und Projektteams kann es auch sinnvoll sein, mit Hilfe von Coaching rascher zu Ergebnissen zu kommen und die kostbare Zeit gemeinsamer Meetings möglichst effektiv zu nutzen. Möglichst viele Führungskräfte (und Mitarbeiter) sollen zukünftig Coachingfähigkeiten haben, wenn auf Dauer hohe Leistungen bei befriedigendem Arbeitsklima erbracht werden sollen. Die Entwicklung der Coachingfähigkeit sollte daher in das Anforderungs- und Beurteilungsprofil jeder Führungskraft und von Projektleitern Eingang finden.

9. Was macht einen guten Coach aus?

Werner Vogelauer

Der Begriff Coaching hat seinen Siegeslauf in der Wirtschaft in den vergangenen Jahren fortgesetzt. Heute nehmen nicht nur Top-Manager, Unternehmer und Führungskräfte die Dienste von Coaches in Anspruch. Durch Personalentwicklung, Projektarbeit, Teamentwicklung usw. werden immer mehr MitarbeiterInnen aus den verschiedensten Funktionen in Betrieben auf dieses Leistungsangebot aufmerksam.

Die schillernden Definitionen, die heute vor allem in der Tagespresse und in Zeitschriften sichtbar sind, machen es Coaching-Kunden zunehmend schwerer zu wissen, was Coaching für sie sein kann und was Coaching und Coach guten Gewissens an Ergebnissen dem Kunden anbieten und leisten können.

Ich habe in einem anderen Beitrag (»Wie wird Coaching von Kundinnen und Kunden gesehen?«) aus einer Trigon-Studie zitiert, die 2001 zum zweiten Male durchgeführt wurde. In den folgenden Hinweisen und Überlegungen zur Auswahl von Coaches werde ich mich von dieser Studie leiten lassen.

9.1 Zentrale Erwartungen und Ziele der Kundinnen und Kunden

Zwei Fragen der Trigon-Studie bezogen sich auf die Anforderungen an die Person des Coaches und die Anforderungen an die Methode Coaching.

Herausragend geschätzt werden bei der Person des Coach und seiner Art die Verschwiegenheit, menschliches und beziehungsorientiertes Agieren, ein breites Lebensspektrum an Erfahrungen, Zielorientierung und Effektivität sowie einfühlende Vorgehensweise. Alle weiteren Punkte folgen mit größerem Abstand.

An die Methode Coaching werden aus der Perspektive der Kunden folgende Maßstäbe angelegt: Die freiwillige Teilnahme ist Top-Faktor, knapp gefolgt von der zielorientierten Vorgehensweise. Das Bearbeiten von Themen der beruflichen Situation und das professionelle Gespräch folgen wie die freie Wahl des internen bzw. externen Coach. Am stärksten abgelehnt werden schriftliche Coachings bzw. Coachings über Internet, das Erhalten eines zugeteilten Coach für die Eigenarbeit wie auch eine zeitoffene Struktur des Coachings.

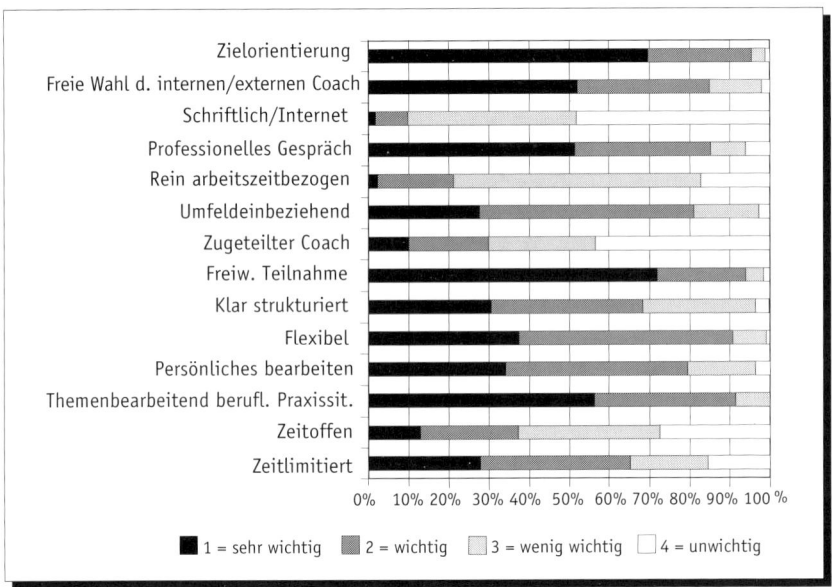

Abbildung 1: Welche Anforderungen an die Methode des Coachings sehen Sie als wichtig für sich?

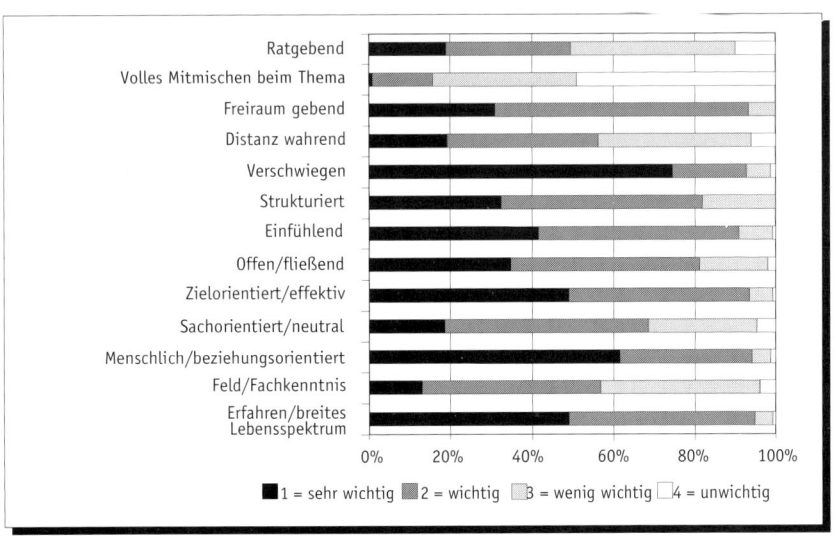

Abbildung 2: Welche Anforderungen an die Person des Coaches sehen Sie als wichtig für sich?

9.2 Voraussetzungen und Rahmenbedingungen für effektives Coaching

Bevor noch ein Coaching-Vorgespräch beginnen kann oder betriebsintern ein Coaching angefragt bzw. angefordert wird, kann der Coaching-Kunde in spe folgende Punkte genauer betrachten:

1	Wie stehe ich selbst als Kunde/in zu Lernen und persönlicher Veränderung?	
2	Wie viel Zeit und Geld bin ich bzw. mein Arbeitgeber bereit, in das Coaching zu investieren?	
3	Wie vertraulich und vertrauensvoll soll Coaching gehandhabt werden? (vom externen Coach bzw. von der internen Stelle/Coach)	
4	Welche Lern- und Veränderungskultur gibt es bei uns?	
5	Welche organisatorischen Voraussetzungen sind für mein Coaching notwendig?	
6	Was muss der (externe) Coach von der betriebsinternen Arbeit/Organisation wissen, wenn er mich gut coachen soll?	
7	Welche menschlichen Qualitäten bzw. welche Art und Weise im Gespräch bevorzuge ich, um Coaching für mich als angenehm und erfolgreich zu sehen?	

9.3 Worauf kann der Kunde zu Beginn des Coachings achten?

Ein Coaching-Kunde springt normalerweise nicht in ein unbekanntes Verfahren, mit unbekanntem Gesprächspartner und ohne entsprechende Klärung von Vorgehen, Arbeitsinhalt usw. Gerade vor Beginn eines Coachings gibt es drei markante Punkte, die für Coaching-Kunden beachtenswert sind:

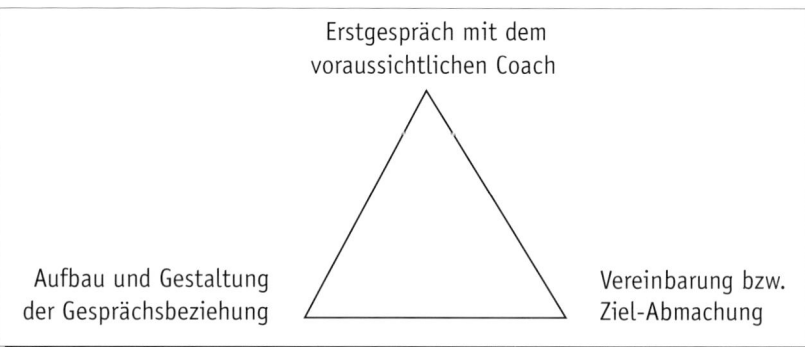

Erstgespräch mit dem
voraussichtlichen Coach

Aufbau und Gestaltung
der Gesprächsbeziehung

Vereinbarung bzw.
Ziel-Abmachung

Erstgespräch

Ein »guter« Coach bietet ein Erst- bzw. Vorgespräch meist kostenlos an. Dieses Gespräch bringt das Kennenlernen des Coach und seiner Art, wie Kunden-Anliegen persönlich und direkt behandelt werden. Auch für den Coach ist es bedeutsam, den Kunden persönlich wahrzunehmen – wenn er ihn nicht von früher her kennt.

Im Erstkontakt können Möglichkeiten des Coachings und die Erwartungen des Kunden an seinen weiblichen oder männlichen Coach ausgetauscht werden. Das gilt ebenso für die Erwartungen des Coach an den Kunden, welche Bereitschaft zum Lernen bzw. Verändern er mitbringt. Wichtig ist auch hier schon, was der Kunde bisher zu seiner Frage bzw. seinem Problem unternommen hat.

Damit können von vornherein übertriebene Erwartungen, falsche Annahmen oder Missverständnisse vermieden werden. Im Vorgespräch sollte über die Grenzen des Coachings, bspw. was Coaching nicht leisten und bieten kann, gesprochen werden.

Für manche Kunden sind die menschliche Haltung oder die Grundsätze des Coach in seinen Coachings ein wichtiger Gradmesser für die gemeinsame Coaching-Arbeit.

- Wie geht der Coach normalerweise mit Kunden um, wenn persönliche tieferliegende Themen auftauchen?
- Wie bringt er sich ein, wenn dem Kunden keine Ideen einfallen?
- Was tut der Coach, wenn er von Dritten angefragt wird – sei es Chef des Mitarbeiters, sei es Personalentwickler oder irgend eine andere Person – über Coaching oder über den Kunden etwas zu erzählen?
- Was ist dem Coach ein Anliegen, was das Vorgehen, Übungen und Methoden, Umsetzungen und Reflexionen dazu oder Entscheidungen betrifft?

Vereinbarung bzw. Ziel-Abmachung

Jedem Coaching ist eigen, dass es zielorientiert ist. Der Kunde bringt ein Bedürfnis, ein Problem oder ein Ziel ein. Aus dem Bedürfnis und Problem ist dann der zukünftige anstrebenswerte Zustand herauszuarbeiten. Wie geht nun der Coach mit derartigen Anliegen des Kunden um? Im Vorgespräch sollte das Thema Ziele konkretisiert werden bzw. Zeit vorhanden sein, bis zum konkreten Vertrag diese Ziele zu formulieren. Wenn der Kunde nicht gleich zu konkreten Zielsetzungen kommt, dann wird der Coach gut tun, Zeit für konkrete und überprüfbare Ziele in dieser Situation einzubauen. Der Kunde darf Zeit zum Überlegen haben, eventuell kann das erste Arbeitsgespräch das »Ziel« haben, konkrete Ziele zu den Themen zu finden. Zeigt der Coach bei diesem Vorgespräch ein verständnisvolles, empathisches Verhalten oder wirkt er druckvoll und bestimmend? Ein Gradmesser für den Kunden!

Ein weiterer Teil der Vertragsarbeit und des Vorgehens sind die organisatorischen Punkte:

- Wie werden die organisatorischen Punkte des Coachings vom Coach angesprochen oder wie reagiert er auf Anfrage des Kunden? Gibt es klare Honorarstrukturen und eine konkrete Rechnungs- und Bezahlungsmodalität?
- Wie werden die jeweiligen Termine festgelegt?
- In welchen zeitlichen Abständen bzw. in welcher Dauer pro Gesprächs- und Arbeitseinheit arbeitet der Coach?
- Wie werden administrative bzw. organisatorische Punkte geregelt?
- Gibt es Stornoregelungen für Absagen, Ausfälle oder Abbruch?
- Gibt es schriftliche Vereinbarungen?

Der Aufbau und die Gestaltung der Gesprächsbeziehung

Da es sich beim Coaching um eine Vertrauensarbeit handelt, kommt dem ersten Gespräch und dem Aufbau des Kontakts zwischen den Beteiligten eine große Bedeutung zu.

- Wie fängt das Gespräch an?
- Was tut der Coach, um einerseits freundlich, menschlich und attraktiv im Gespräch zu wirken und andererseits nicht zu drängend, übertrieben menschlich insistierend oder gar zu viel selbst aktiv zu sein?
- Erlebt der Kunde den Coach als offen und vertrauensvoll in seiner Art Gespräche zu führen?
- Erlebt der Kunde, dass der Coach thematisch und emotional wichtige Punkte direkt erkennt und in einer Art anspricht, dass es akzeptabel und doch treffend erlebt wird?
- Merkt der Coach Widersprüche, Ungereimtheiten oder Gegensätzliches sehr rasch und spricht dies an?

- Wie geht der Coach auf (verdeckte) Emotionen des Kunden ein bzw. wie geht er überhaupt mit den menschlichen, psychosozialen und psychologischen Seiten des Themas um oder agiert er ausschließlich sachlich-nüchtern?

Als Kunde ist es wichtig, nicht nur den Eindruck zu haben, dass die beiden Gesprächspartner in ihrer Art gut miteinander harmonieren, sozusagen dass die »Chemie stimmt«. Die Gestaltung der (indirekten) Abhängigkeiten, die Freiheit(en) des Kunden und auch die Anknüpfungen an verschiedene Punkte früherer Gespräche weisen auf eine wirkungsvolle und beziehungsorientierte Gesprächsform hin. Indirekte Abhängigkeiten können z.B. dadurch entstehen, dass es für den Kunden »angenehm« ist, wenn er keine Antworten, Ideen hat oder nichts tun oder entscheiden mag und der Coach die Rolle des Aktiven einnimmt. Es kann »angenehm« sein, gute Arbeit zu erleben, die man gerne über die Ziele hinaus fortsetzen möchte. Indirekte Abhängigkeit kann entstehen, wenn ich als Kunde »endlich wieder zum Coach mit meinen Fragen und Problemen komme« und sie auch gar nicht mehr selbst bearbeiten mag u.ä.m.

9.4 Woran erkennt der Kunde zu Beginn, dass Chemie und Arbeitsbeziehung stimmen?

Zur Orientierung gleich ein Kurz-Test und sieben Fragen, die den Kern der Beobachtung und Entscheidungshilfe für den Kunden aufzeigen:

- Ist der Coach dem Kunden sympathisch?
- Verstehen die beiden einander rasch, d.h. gibt es ähnliche Formulierungen, Worte, Gedanken?
- Fühlt der Kunde sich voll akzeptiert, als Mensch, mit seinen Anliegen?
- Geht er auf die Fragen und Probleme, die Art und Weise des Kunden ein, ohne sich anbiedernd zu verhalten?
- Ist die Art und Weise des Denkens für den Kunden nachvollziehbar?
- Ist die Sprache und Satzbildung deutlich, geordnet aufgebaut und so verständlich bzw. die Form auch rhythmisch, einfach und stimmlich animierend?
- Ist der Coach trotz vieler Ähnlichkeiten »anders«, d.h. kommen neue Inhalte, Fragen von ihm, die den Kunden anregen oder bringt er Unterschiede, andere Punkte, Gegensätze usw. ein, woraus der Kunde »lernen« kann?

Wenn Sie alle Fragen mit Ja beantwortet haben, dann ist dies ein Zeichen für eine positive und konstruktive Zusammenarbeit mit diesem Coach. Hier stimmt »die Chemie«! Das heißt noch nicht, dass alles eitel Wonne und Waschtrog sein muss. Eine gute Ausgangsbasis für ein erfolgreiches und zufriedenstellendes Coaching ist gelegt. Ist die Mehrheit der Fragen negativ beantwortet, so sollte der Kunde sehr gut die Vorteile prüfen, auch seine eigene Bereitschaft und Flexibilität in ein Coaching einzusteigen.

9.5 Was ist für den Kunden während des gesamten Coachingprozesses wichtig?

Wir haben das Vorgespräch eines Coachingprozesses näher betrachtet. Ein Coachingprozess läuft normalerweise vier und mehr Gespräche lang. Da kann der weitere Verlauf des Prozesses über das Vorgespräch bzw. das erste Coachinggespräch hinaus bedeutsam sein.

Im Gegensatz zu vielen Vorgehensweisen im Organisations- oder Team-Prozess wird am Anfang des Coachings nicht so umfassend »diagnostiziert«. Meistens stehen Teilaspekte der Person im Zentrum der Coaching-Arbeit. Die Fokusierung ist vordergründiges Anliegen in der Begleitung. Im Prozess-Verständnis sollte das Coaching auf verschiedene Ebenen betrachtet werden, die oft gleichzeitig anwesend sind. Vom Ziel-Fokus ausgehend sind die Beziehungen zum Umfeld oder in die Psyche mit zu berücksichtigen. Aus zeitlichen Gründen wird jeder Coach mit dem Schwerpunktthema des Kunden einer Stunde nochmals eine Fein-Diagnose zu erarbeiten.

Ein ganzheitliches Coaching umfasst die folgenden sieben Ebenen. Im Vorgehen kann da einmal der eine (bspw. Diagnose), mal der andere (etwa Lernprozess) Aspekt im Vordergrund stehen.

A	Diagnose-Prozess	Die Ausgangssituation wird anfangs erhoben, auch Hintergründe, Ursachen. Immer wieder werden einzelne Themen der Sitzungen vertiefter analysiert und diagnostiziert
B	Visions-, Ziel-Prozess	Wohin soll die Reise gehen? Was will der Kunde kurz- bzw. mittelfristig erreichen? Eine bildhafte Vorstellung, ein klares Ziel und eine ständige Berücksichtigung auf dem Weg dorthin gehören zur Prozessgestaltung
C	Psychosozialer Prozess	Neben den Sachthemen gehört der persönliche Hintergrund dazu, bspw. was emotional, was beziehungsmäßig, was verhaltensbezogen beeinflusst ist um das zu reflektieren und weiterzuentwickeln
D	Lern-Prozess	Aus den Erkenntnissen, Ideen und Überlegungen werden Kenntnisse und Fähigkeiten herausgefiltert, die – Schritt für Schritt – aufgenommen, verarbeitet und angewendet werden

E	Informations-/ Inhaltsprozess	Was brauchen Coach wie Kunde an Informationen zum Problem? Von wem erhalten sie diese Informationen und an wen gibt der Kunde Informationen über Veränderungen und neue Aktivitäten weiter? Diese Themen sind permanent in den Gesprächsphasen des Coachings einzubeziehen
F	Umsetzungs- prozess	Wie wird die Umsetzung angegangen? Was tut der Kunde und wie nutzt er Monitoring und Reflexion zur Verbesserung des Anwendens? Das Umsetzen beginnt mit der ersten Gesprächsrunde und den Vorhaben des Kunden.
G	Gestaltungs- und Steuerungs- prozess	Wie organisiert der Coaching-Kunde mit Hilfe des Coach Schritt für Schritt die Anwendung? Wie wird Verbindlichkeit (Selbstdisziplin) gestaltet? Wie bleibt der Kunde am Ball?

Tabelle 1: Die sieben Prozess-Ebenen des Coachings

Was sind nun wesentliche Punkte für den Kunden?

- **Übersicht über den Gesamtprozess**
- **Flexibilität und Zielorientierung**
- **Mitreden und Kunden-Entscheidung**
- **Menschlich sanft und sachlich fest**
- **Einbeziehen des Umfeldes privat wie beruflich**
- **Situative Arbeit und keine methodische oder psychologische Enge**

Übersicht über den Gesamtprozess

Welche Informationen erhält der Kunde vom Coach über die gesamte Zeitdauer? Nennt er Schwerpunkte anhand der vereinbarten Zielsetzungen? Werden die Art und Weise der Coaching-Arbeit während der regelmäßigen/unregelmäßigen Gespräche angesprochen?

Aus Sicht des Kunden kann es wichtig sein Orientierung zu haben (»Strukturhunger«), auch Anreiz und Animation (»Anreizhunger«) durch Kenntnis von Vorgehensarten, Methoden und Übungen. Gleichbedeutend kann ein Gefühl des Angenommen- und Aufgehoben-Seins im Prozess (»Akzeptanzhunger«) für eine offene Haltung des Kunden unterstützend sein.

Flexibilität und Zielorientierung

Ist der Coach wendig und fähig, auf unterschiedliche Situationen und Bedürfnisse des Coaching-Kunden einzugehen? Wie erlebt der Kunde den Coach: Arbeitet er zielorientiert, an dem was wir ursprünglich vereinbart haben, und berücksichtigt er die Gegebenheiten des Alltags und momentane Fragen?

Mitreden und Kunden-Entscheidung

Überlässt der Coach alle Entscheidungen, die während des Coachings zu Inhalt, Vorgehen, Informationen, Aktivitäten usw. geschehen, dem Kunden? Oder spürt der Coaching-Kunde offen oder verdeckt, dass der Coach Vorlieben hat und dass er am liebsten bestimmte Aktivitäten tun würde? Argumentiert der Coach mit, redet er von sich aus über Vor- und Nachteile – ungefragt? Stellt er Fragen, spricht Für und Wider an und lässt den Kunden zuerst eigene Gedanken, Ideen oder Punkte auflisten?

Menschlich sanft und sachlich fest

Erlebt der Kunde den Coach anfänglich als menschlich umgänglich, einfühlend und sprachlich ruhig wie stimmlich angenehm? Hat der Coaching-Kunde den Eindruck, mit den Fragen und Anliegen gut beim Coach aufgehoben zu sein, Ernst genommen und verstanden zu werden? Bleibt der Coach dran, wenn einmal ein Prozedere vereinbart ist oder springt er gleich zu anderen Punkten? Fordert der Coach die Standfestigkeit zu Vorhaben, Entscheidungen und Gedanken vom Kunden?

Einbeziehen des Umfeldes privat wie beruflich

Wenn Ziele, Probleme oder Situationsbeschreibungen dran sind: Geht der Coach auf die Zusammenhänge des privaten wie beruflichen Umfeldes ein oder lässt er diese unberücksichtigt? Bleiben beide in der Coaching-Arbeit an den Zusammenhängen zu familiärem Umfeld dran, ohne dass eine therapeutische Arbeit an der Vergangenheit entsteht? Werden berufliche Zusammenhänge im Umfeld der MitarbeiterInnen, von Nachbarabteilungen usw. in die Frage- und Problemstellung oder Entwicklung von Lösungen einbezogen?

Situative Arbeit und keine methodische wie psychologische Enge

Erkennt der Coaching-Kunde in den ersten Kontakten und Arbeitsgesprächen, dass der Coach auf das Hier-und-Jetzt eingeht? Wählt der Coach je nach Problem- bzw. Fragestellung unterschiedliche Vorgehensweisen aus? Die Abwechslung und nicht die Monotonie der Vorgehensmuster der gleichen Psycho-Fragen oder Psycho-Modelle sind für jedes Coaching Anregung und lebendiger Ansporn.

9.6 Wie komme ich zu guten Coaches?

Viele Kunden werden sich vielleicht nach all den Auflistungen über die Person, die Abfolge der Gespräche und inhaltliche wie organisatorische Ausrichtungen fragen, wie sie möglichst bald und direkt zu »guten« Coaches kommen. Effektive und empathische Coaches sind rar. Heute gibt es viele »selbsternannte« Coaches ohne tiefere Fundierung, Kenntnis und ethische Grundhaltung. In den folgenden

Hinweisen werden ein paar Wege aufgezeigt sicherlich gut arbeitende und effektive, auch entsprechend passende Coaches zu finden:

1. Durch Empfehlung

Über gute Bekannte, Freunde, Kollegen oder über Trainer, Personalentwickler bzw. im Coaching-Bereich tätige Personen kann der potenzielle Kunde Empfehlungen bekommen. Wenn zwei bis drei Personen in die engere Wahl gelangen, können diese persönlich kontaktiert werden, auch ein Gespräch mit diesen Personen vorab stattfinden. Zur Empfehlung gehören Zusatzinformationen über persönliche Erfahrungen, Hintergründe, Stärken bzw. Besonderheiten des Coaches. Auch die eigenen Bedürfnisse und die Bereitschaft, mit weiblichen oder männlichen Coaches zu arbeiten sind dabei ein Faktor.

2. Durch Vermittlung

Gibt es in dem Betrieb des Kunden eine Personalentwicklungs-Abteilung? Kennen die Mitarbeiterinnen bzw. Mitarbeiter entweder interne Coaches oder setzen sie externe Coaches im Unternehmen ein? Wenn ja, dann ist die Vermittlung von Kontakten ein hilfreiches Unterfangen.

Über Institute, Weiterbildungs-Veranstalter, Berater, Psychologen oder Lebens- und Sozialberater gibt es mehr oder weniger umfassende Listen von zertifizierten oder erfolgreichen Coaches. Dabei gewinnt das Internet zunehmend an Bedeutung, Anbieter von Coachings zu finden. Bei den »Vermittlern« scheint es wichtig, dass diese kein Eigeninteresse besitzen, sondern ehrliche und offene Information über Coaches geben bzw. auf Grund der Frage- oder Problemstellung auch Hinweise geben können?

3. Durch eigenes Erleben

Vorgespräche, Schnuppercoachings o.ä. Formen helfen, selbst einen Eindruck zu gewinnen, um eine gute Entscheidung zu treffen. Oder hat der Kunde den in Frage kommenden Coach in einer Veranstaltung (über Coaching, aber auch ganz normale Weiterbildungs-Veranstaltungen) selbst erlebt, seine Art und Weise des menschlichen wie sachlichen Umgangs wahrgenommen? Eigene Erfahrungen bzw. Informationen aus dem direkten Erleben sind letztendlich das Beste für eine Entscheidung.

4. Durch Bekanntheit und wertschätzende Informationen

Durch Buchveröffentlichungen, Zeitschriftenartikel oder journalistische Aufbereitungen von Coaching-Themen und der Nennung von möglichen Coaches als Anbieter von Coaching-Leistungen sind Daten verfügbar. Gut ist dabei, nicht nur Name und Adresse zu kennen, sondern auch zusätzliche Hinweise über die Personen. Bspw. ist ein ausführlicher Artikel ein Zugang zum Denken und der Art und Weise des Coachs. In kurzen Statements sind Hinweise über bestimmte Haltungen, Vorlieben, Aversionen oder Ablehnungen erkennbar. Fotos der Personen, wenngleich mit Vorsicht zu betrachten, geben Hinweise auf »Sympathie«, »Chemie« oder »Interesse«.

9.7 Und nun liegt es nur noch an der praktischen Umsetzung...

In den vorangegangenen Zeilen wurde von verschiedenen Seiten die Möglichkeit beleuchtet, wie ein Coaching-Kunde zu einer ihm passenden Person findet, mit der er ein erfolgreiches und zufriedenstellendes Coaching durchführen kann.

Ich ging von zentralen Erwartungen und Zielen des Kunden aus, ebenso von den laut Befragung interessanten Anforderungen an die Person des Coaches wie auch an die Methode des Coachings. Rahmenbedingungen und persönliche Voraussetzungen des Coaching-Kunden wurden miteinbezogen. Wenn der Coaching-Kunde den Coach im Erst- oder Vorgespräch beobachtet, so kann er durch das Verhalten und das Eingehen des Coach auf die Person des Kunden wie auf die Themen eine Menge erfahren, um eine gute Entscheidung zu treffen.

Fragen der Flexibilität, der Übersicht, der Einbeziehung von Umfeld und neben den Sachthemen auch den emotionalen bzw. persönlichen Themen sind ein weiteres wichtiges Kapitel für die Auswahl des passenden Coach. Indizien für die »richtige Chemie« zwischen Coaching-Kunde und Coach wurden abschließend erläutert.

Wenn der Coaching-Kunde sich eine Meinung gebildet hat, dann steht einem Coaching-Beginn nur mehr das Thema mit seiner Frage- bzw. Problemstellung und der Wille, es anzugehen, »im Wege«. Meist ist das In-sich-hineinhören, das Nachspüren der Empfindungen zur Situation des Vorgesprächs und das Erlebens des Coach hilfreich. Spürt der Kunde innerlich ein angenehmes Gefühl, Freude, Zufriedenheit, Engagement und Aktivität oder kommen aus dem Inneren Unsicherheit, Distanzgefühle, Argumente und Begründungen, auch Angst bzw. Widerstand hoch? Trauen Sie ihren Gefühlen! Überschlafen Sie vielleicht mal die ersten Eindrücke. Wenn immer noch die angenehmen, aktivierenden Gefühle da sind, treffen sie die innere »Entscheidung« für die Coaching-Arbeit. Anderweitig bei unangenehmen Empfindungen, Unsicherheit oder Distanzgefühl ist es besser, auf die Arbeit mit dieser Person zu verzichten bzw. sich anderen Coaches oder anderen Vorgehensweisen zuzuwenden.

10. Wie wird Coaching von Kundinnen und Kunden gesehen?

Auswertung der zweiten Befragung deutscher, österreichischer und schweizer Führungskräfte und Personalentwickler

Werner Vogelauer

Nahezu 160 Führungskräfte und Personalentwickler beteiligten sich 2001 an der zweiten schriftlichen Befragung zum Thema Coaching. Philipp Jung, BRD, Hans Ruijs, Schweiz und Werner Vogelauer, Österreich organisierten die umfangreiche und die deutschsprachigen Länder abdeckende Befragung von Führungskräften oberer und mittlerer Ebenen, Personalchefs und Personalentwickler in mittleren wie großen Unternehmen.

Etwa 38 Prozent der Befragten kommt aus Dienstleistungsunternehmen (Bank, Versicherung, Handel). Auf Industrie und Produktion entfallen etwa 25 Prozent, aus der öffentlichen Verwaltung kommen 15 Prozent bzw. die Weiterbildungsbranche, Beratung und Training ist mit ca. 20 Prozent in der Umfrage enthalten. In der Altersstruktur waren die 30 bis 40-Jährigen am stärksten mit fast 40 Prozent vertreten, gefolgt von den 40 bis 50-Jährigen mit etwa 34 Prozent. Die Personen, älter als 50 Jahre, sind in der Befragung zu 25 Prozent beteiligt, während die unter 30-Jährigen lediglich 2 Prozent Anteil haben.

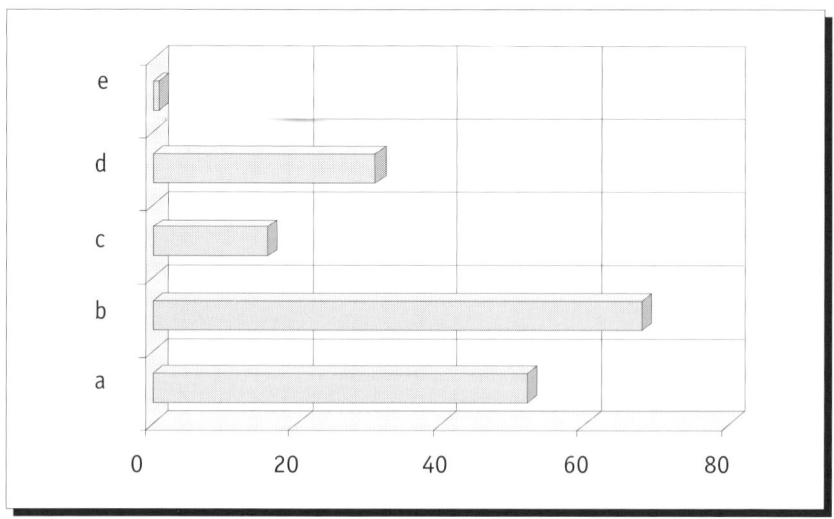

Abbildung 1: Befragte aller Länder und Branchen
a) Industrie/Produktion   b) Dienstleistungen
c) öffentl.Verwaltung/nonprofit   d) Weiterbildung/Beratung/Training
e) Handel

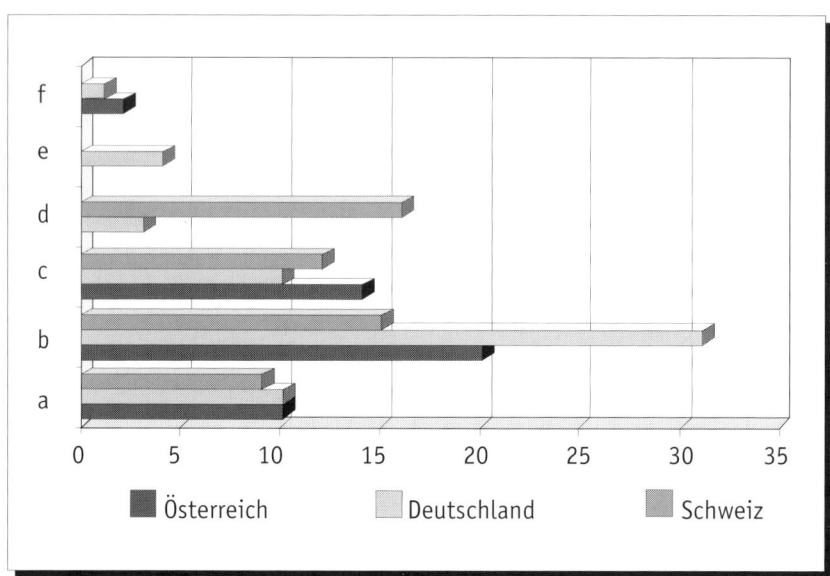

Abbildung 2: Allgemeine statistische Angaben
a) Unternehmerin   b) Führungskraft/Abteilungsleiter
c) Personalbereich/Führung   d) Freiberuflicher /Selbstständig
e) Nachwuchsführungskraft   f) Andere

Erfreulich die hohe Rücklaufquote von fast drei Viertel der angesprochenen Personen, die sich im Vergleich zur ersten Befragung 1997 mit einer 50 prozentigen Rücklaufquote um einiges verbessert hat. Dadurch entstand ein guter Einblick in die Praxis der Kundenwünsche, -bedürfnisse und -probleme wie auch den Anforderungen an Coach und Coaching und den nicht gewollten bzw. abzulehnenden Punkten.

10.1 Positive Einstellung zu Coaching, aber noch persönlicher Nachholbedarf

Bei der Befragung zeigte sich unisono ein positiver Trend zum Coaching. Insgesamt standen 87 Prozent der Nennungen mit positiver Sichtweise nur 9 Prozent Nennungen mit Ablehnung gegenüber; bei 4 Prozent »neutralen« Angaben, d.h. »Enthaltungen«. Besonders herauszuheben bei den positiven Sichtweisen sind »Coaching leistet einen wichtigen Beitrag zur Verbesserung der Kommunikations- und Konfliktkultur« (f) mit insgesamt 25 Prozent aller Angaben (98 Nennungen), »eine regelmäßige Reflexion der Alltagsarbeit« (b) mit 95 Nennungen oder 24 Prozent und »Coaching nimmt in Zukunft eine wichtige Rolle in der Entwicklung von Mitarbeitern ein« (a) mit 21 Prozent aller Angaben. Die weiteren Möglichkeiten wie »eine Form der Mitarbeiterführung« (d) mit 66 Nennungen oder etwa 17 Prozent, »Vermitteln neuer Gesprächsfertigkeiten« (c) mit 27 Nennungen oder gar nur mehr 7 Prozent und »Coaching spielt eine zentrale Rolle bei der Bindung der Mitarbeiterinnen und Mitarbeiter an das Unternehmen« (e) mit 25 Angaben (6 Prozent) fielen schon stark ab. Zu berücksichtigen ist, dass bei den Nennungen mehrfache Angaben möglich waren, dadurch erscheinen die Prozentsätze insgesamt hoch. Durchschnittlich wurden von jeder Befragten bzw. jedem Befragten etwa drei Nennungen abgegeben.

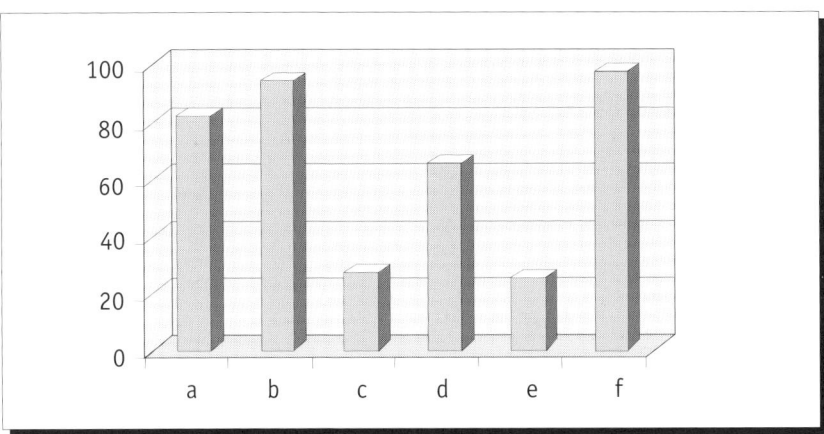

Abbildung 3: Ich sehe das positiv, weil ...

a) Coaching in Zukunft eine wichtige Rolle in der Entwicklung von Mitarbeitern einnimmt
b) es eine regelmäßige Reflexion der Alltagsarbeit sein kann
c) neue Gesprächsführungsfertigkeiten vermittelt werden
d) es eine Form der Mitarbeiterführung und Zielerreichung ist
e) Coaching eine zentrale Rolle bei der Bindung (Retention) der MA an das Unternehmen spielen wird
f) Coaching einen wichtigen Beitrag zur Verbesserung der Kommunikations- und Konfliktkultur leistet

Wenn wir nun die positiven Argumente nach Ländern anschauen, so zeigt sich, dass zwischen den Ländern Deutschland, Österreich und der Schweiz kaum nennenswerte Unterschiede erkennbar sind. Die Abweichungen bewegen sich im Einzelprozent-Bereich.

10.2 Coaching-Erfahrungen haben stark zugenommen und Frauen als Coaches sind verstärkt aktiv

Interessant und bemerkenswert ist, dass von 157 antwortenden Personen etwa 22 % keine eigene Coaching-Erfahrung vorwiesen. Im Vergleich zur ersten Erhebung 1997 wo etwa die Hälfte noch keine Erfahrung vorweisen konnte, stieg der Prozentsatz der Coaching-Erfahrenen und Erprobten von der Hälfte auf etwa vier Fünftel an! Länderweise zeigen sich hier jedoch Unterschiede. Während in der Schweiz der höchste Anteil an eigenen Coaching-Erfahrungen genannt wird (93 Prozent haben Erfahrungen), sind diese Zahlen in Österreich mit 74 Prozent bzw. in Deutschland mit 71 Prozent um einiges niedriger.

Bei der Nachfrage nach den Erfahrungen der Coaching-Kundinnen und Kunden nach dem betreuenden Coach bzw. der Art des Coachings, das sie in Anspruch genommen haben, zeigte sich ein überwiegender Einsatz betriebsfremder Personen (77 Prozent) gegenüber 23 % an Personen aus dem eigenen Betrieb.

Eine zum ersten Mal gestellte Frage nach dem Geschlecht des Coaches brachte eine Verteilung zwischen »Frau« und »Mann« von 35 : 65 Prozent. Besonders hoch ist der Anteil der weiblichen Coaches, die als Betreuerinnen genannt wurden, in der Schweiz (50 : 50-Verhältnis), während in Österreich ein Drittel zu zwei Drittel wie der Durchschnitt existiert und in Deutschland das Verhältnis 25 : 75 Prozent beträgt. Aus meiner Sicht ist trotzdem der überraschend hohe Anteil an Frauen als Coaches bemerkenswert. War vor wenigen Jahren aus vielen Mündern von potenziellen Coaching-Kunden und -Kundinnen und aus den Betrieben zu hören, dass man sich »lieber einen männlichen Coach« als Sparringpartner wählt oder dass nach Vorschlag einer Frau oft die Nachfrage nach anderen Coach-Angeboten bzw. Personen kam. Dies kann einerseits in der Tatsache begründet sein, dass zunehmend mehr weibliche Personen auch Coaching in Anspruch nehmen und daher das eigene Geschlecht bevorzugen, andererseits kann dies auch zu einer stärker offenen und akzeptierenden Haltung gegenüber weiblichen Coaches geführt haben.

Nicht mehr ganz so überraschend wie bei der ersten Erhebung 1997 ist die Tatsache, dass 22 Prozent der Coachees Team-Coaching als Erfahrungswert angeben. Waren es 1997 bereits 16 bzw. 33 Prozent in Deutschland bzw. der Schweiz (Österreich war damals beim Team-Coaching mit 7 Prozent Schlusslicht), so holte Österreich stark auf – 2001 16 Prozent, während die Schweiz mit 26 % ziemlich gleich blieb.

Ebenfalls neu gefragt wurde nach der Dauer eines Coachings: Über die Erfassung der Anzahl der Gespräche in einem Coaching gab es einige Aufschlüsse zum zeitlichen Umfang des wirklichen Coachings im Alltag. Insgesamt ergab sich eine nahezu gleiche Verteilung über die Gruppierungen 2–4 Gespräche, 5–7 Gespräche bzw. 8 und mehr Gespräche (siehe Tabelle). In allen drei zeitlichen Gruppierungen sind es an die 30 Prozent der Gespräche, wobei aus Länderperspektive in der Schweiz tendenziell längere Coachings genannt wurden als etwa in Österreich. In der Schweiz nannten 37 Prozent der Befragten »mehr als acht Gespräche« als Umfang, während in Österreich 21 Prozent der Personen dies angaben. Auch bei der Gruppierung »5–7 Gespräche« gab es eine ähnliche Situation: Schweiz 33 Prozent, Österreich 27 Prozent. Umgekehrt zeigt sich, dass bei den Kurz-Coachings von 2–4 Gesprächen der österreichische Anteil am höchsten ist. 42 Prozent der Befragten nannten diese Anzahl als ihre Gesprächs-Häufigkeit während in der Schweiz nur 25 Prozent der Befragten diesen Umfang erwähnten. In Deutschland waren ebenfalls die »Kurz-Coachings« sehr beliebt, da mit bis zu 4 Gesprächen nahezu 70 Prozent aller Befragten dies erwähnten!!! Lediglich 11 Prozent führten mehr als 8 Gespräche im Coaching und 20 Prozent nannten »5–7 Gespräche« als ihre Anzahl im Coachingprozess.

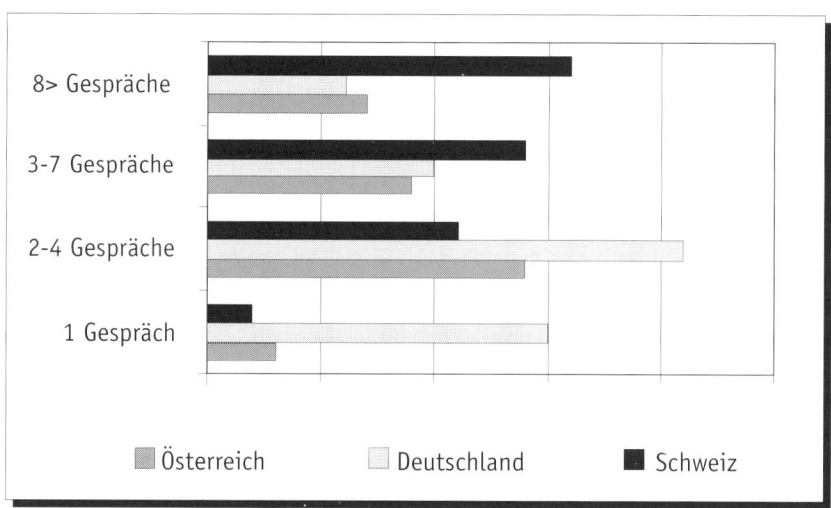

Abbildung 4: Häufigkeit der Coaching-Gespräche

10.3 Verstärkte betriebliche Nutzung des Coachings im deutschsprachigen Raum

Etwa 9 Prozent meinen, dass Coaching in ihrem Unternehmen gar nicht genutzt wird, während die restlichen 91 Prozent die Anwendung des Coachings sowohl auf der Top-Ebene (10 Prozent), im Coaching einzelner Personen (70 Prozent) bzw. sogar in einer sehr breiten Anwendungspalette über die ganze Organisation verteilt (10 Prozent) einschätzen. 1997 waren noch 25 Prozent der Meinung, dass Coaching betriebsintern negativ gesehen und kaum genutzt würde.

Vergleichen wir weiter die Coaching-Anwendung nach den Arten wie etwa Einzel-, Team- oder Projektcoaching. Einerseits fällt auf, dass jede befragte Person in den fünf möglichen Angabenfeldern zumindest zwei verschiedene Coaching-Varianten genutzt hat, andererseits ist wiederum ein sehr hoher Anteil an Coaching durch den Vorgesetzten sichtbar (20 Prozent insgesamt).

Das Einzel-Coaching überwiegt »natürlich« mit 40 Prozent der Gesamtnennungen, wobei Österreich und die Schweiz einen überdurchschnittlichen Anteil hier beitragen. Die hohe Rate an Vorgesetzten-Coaching wird vor allem durch die deutschen Personen der Befragung eingebracht. Fast 30 Prozent aller deutschen Befragten gaben an durch Vorgesetzte gecoacht worden zu sein!?

Letzteres ist insofern spannend als die Art und Weise, der Inhalt sowie auch die methodische Vorgehensweise noch hinterfragt werden müssten. Durch die heute chamäleonartige Breite der Palette an Coaching-Verständnissen ist noch nicht abgeklärt, wieweit hier der Fokus auf dem von uns im Buch immer wieder zitierten Coaching liegt oder andere Versionen zum Tragen kommen. Ist es hier ein Personalentwicklungs-Gespräch? Ist es ein Förder-Gespräch für einen Mitarbeiter mit »Trainings-Charakter«? Ist es ein Problemlösungs-Gespräch und die Art des Vorgesetzten, durch Fragen aber auch Hinweise ein »neues Problemlösungs-Verständnis« beim Mitarbeiter zu installieren? ...

Die betriebliche Nutzung in allen Bereichen wird von 12 Prozent aller genannt; speziell nur auf die oberen Führungskräfte beschränkt finden 10 Prozent der Befragten ihre betriebliche Wirklichkeit. Mehr als zwei Drittel gaben an, dass Coaching in ihrer Organisation besonders für einzelne Personen genutzt wird, gestreut nach Bedürfnis, Nachfrage, jedoch nicht in gezieltem, systematischen Sinn. Hier hat sich in den Zahlen gegenüber 1997 nur die Zahl der Hinwendung zu Einzel-Coachings wesentlich erhöht (1997: 50 Prozent).

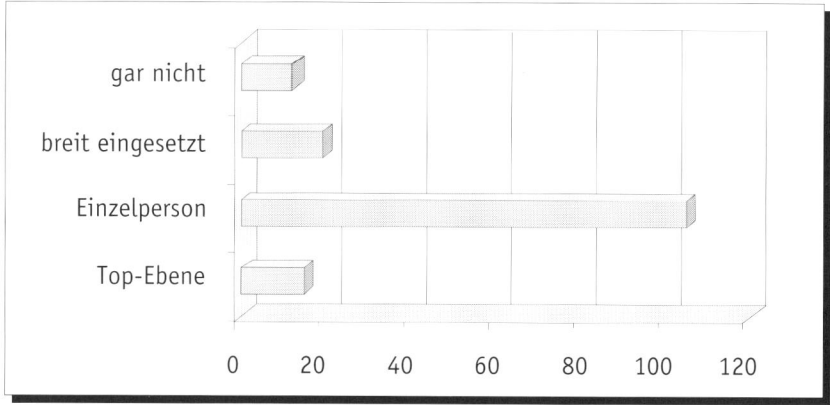

Abbildung 5: Nutzung des Coaching im Unternehmen

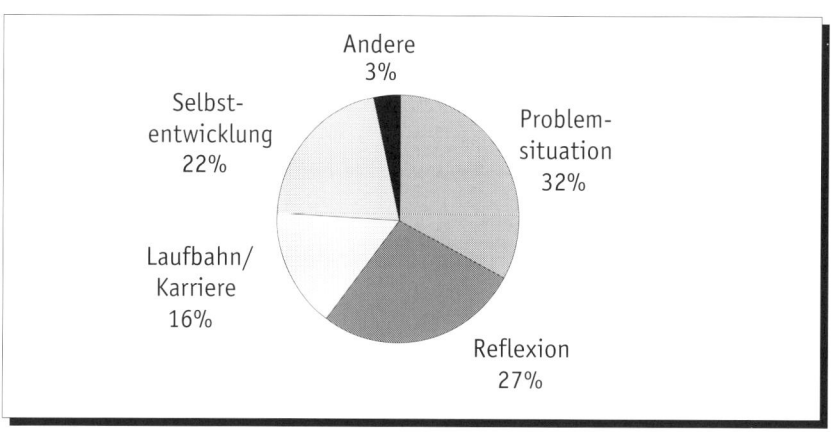

Abbildung 6: Themen im Coaching

10.4 Coaching ist überwiegend Problembearbeitung

Was die Formen und Arten betrifft, so wurde nach Themen und Inhalten der Coachings ebenfalls gefragt. Zur Auswahl standen »Problemsituation«, »Reflexion«,
»Laufbahn und Karriere-Thema«, »Selbstentwicklung« bzw. »Andere«. Von der
Häufigkeit her wurde das Thema »Problemsituation« am stärksten eingebracht
(32 Prozent aller Nennungen), während Reflexionsgespräche immerhin von 27
Prozent angegeben wurden. Zur Selbstentwicklung verwenden mehr als 22 Prozent der Befragten Coaching und auch Karriere- und Laufbahn-Coaching ist mit
16 Prozent deutlich vertreten. Der Prozentsatz für »Andere« von drei Prozent
lässt darauf schließen, dass mit diesen 4 Themen schon die Palette abgedeckt
sein dürfte.

In Deutschland ist das Thema »Reflexionsgespräch« eher wenig vertreten (15 Prozent gegenüber 27 Prozent Gesamtnennungen), sonst liegen alle Daten auch länderbezogen innerhalb knapper Bandbreiten.

Betrachten wir nun diese Themen nach den Altersgruppen der Befragten:

In der Altersgruppe der über 50-Jährigen überwiegt die Reflexion (34 Prozent aller Nennungen), worauf die Bearbeitung von Problemsituationen folgt (28 Prozent). Bei den 40-50-Jährigen liegt die »Problemsituation« eindeutig an erster Stelle der Arbeitsinhalte von Coachings wie auch bei den 30-40-Jährigen. Interessant ist, dass bei den 30-40-Jährigen die »Selbstentwicklung« mit 25 Prozent der Nennungen an zweiter Stelle rangiert. Auch bei den 40-50-Jährigen wird das Thema Selbstentwicklung häufig genannt (18 Prozent und dritter Rang bei den Themen). Besonders in Deutschland scheint dieses Thema vorrangig. Es ist gegenüber Österreich und der Schweiz deutlich überdurchschnittlich genannt. In der Schweiz hingegen ist die Reflexion überdurchschnittlich im Coaching thematisiert.

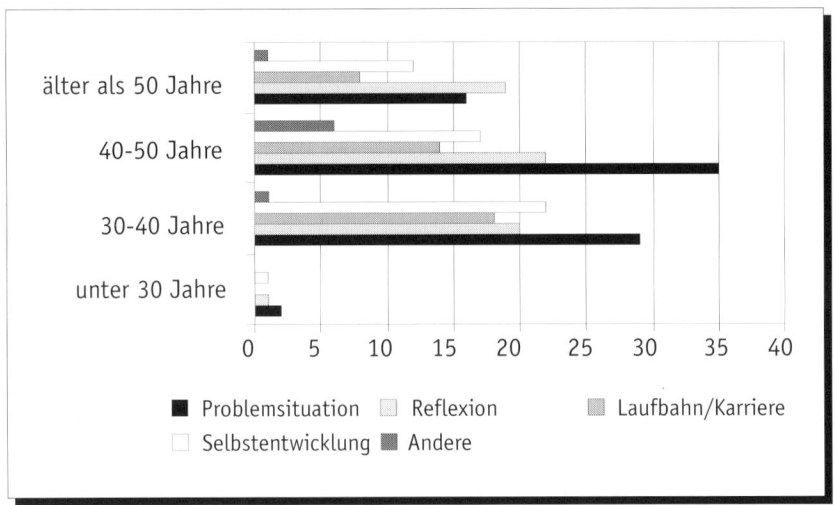

Abbildung 7: Themen und Altersgruppen

10.5 Coaching ist eine Methode der Freiwilligkeit und Zielorientierung

Wie schon 1997 wurden aus verschiedenen Tiefeninterviews Kernbegriffe herausgelöst und nach der Wichtigkeit gefragt (es gab vier Einschätzungsstufen von sehr wichtig über wichtig, wenig wichtig bis unwichtig). Dabei haben sich fünf Themen als markant für ein optimales Coaching aus Kundensicht herauskristallisiert:

Die Freiwilligkeit des Coachings und die freie Wahl des Coach, die Zielorientierung sowie die Themenbearbeitung beruflicher Praxissituationen, weiter das professionelle Gespräch und die Flexibilität. All diese Themen werden von mehr als fünf Sechstel aller Befragten als wichtig bis sehr wichtig eingeschätzt.

	Themen	Sehr wichtig	wichtig	Prozentanteil aller Angaben
1	Freiwillig	110	34	94 %
2	Zielorientiert	108	40	96 %
3	Themen beruflicher Praxis	88	54	88 %
4	Professionelles Gespräch	81	54	86 %
5	Freie Wahl des Coach	78	50	86 %
6	Flexibel	54	78	91 %
7	Persönliche Themen	51	70	80 %
8	Klare Struktur	47	56	66 %
9	Umfeldeinbeziehung	44	86	80 %
10	Zeitlimits	43	54	60 %

Abbildung 8: Hitparade der Anforderungen an das Coaching

Umgekehrt ist die »Negativ-Liste« aus den Befragungen auf die abzulehnenden, unwichtig und wenig wichtigen Aspekte ausgerichtet. Im folgenden eine Zusammenstellung dieser abgelehnten Begriffe:

	Themen	Unwichtig	Wenig wichtig	Prozentanteil aller Angaben
1	Schriftlich bzw. über Internet	65	57	90 %
2	Zugeteilter Coach	58	36	70 %
3	Zeitoffen	36	47	63 %
4	Rein arbeitsbezogen	24	87	78 %
5	Zeitlimits	24	30	35 %

Abbildung 9: Ablehnung von Coaching-Aspekten

Interessant ist dabei, dass das Thema »Zeitlimits« bei den wichtigsten Anforderungen an Coaching an der zehnten Stelle rangiert (43 Angaben »sehr wichtig«) und in der Negativliste ebenfalls an fünfter Stelle aufscheint (24 Nennungen »unwichtig«)! In der Negativliste finden sich nur 5 Themen, da die anderen Themen mit einem Gesamtanteil von weniger als sechs Prozent unter ferner liefen rangieren.

10.6 Gefragt ist ein verschwiegener, beziehungs- und zielorientierter Coach mit breitem Spektrum an Erfahrung und Lebenskenntnis

Gegenüber der Untersuchung von 1997 hat sich 2001 die Bedeutung der »Verschwiegenheit« und der »Zielorientierung« wesentlich erhöht. Waren damals die beiden Themen in der Hitparade an vierter bzw. neunter Stelle zu finden, so nehmen sie in der jüngsten Erhebung die Spitzenplätze 1 bzw. 4 ein. Die »Beziehungsorientierung, Menschlichkeit und kommunikative Kompetenz« liegt wie in der Auswertung der Befragung vor vier Jahren an der zweiten Stelle. Auch die Erfahrung und das breite Lebensspektrum ist von der ursprünglich siebten Position auf die dritte Stelle nach vorne gereiht worden.

	Themen	Sehr wichtig	wichtig	Prozente aller Angaben
1	verschwiegen	114	28	93 %
2	menschlich, beziehungsorientiert	96	51	96 %
3	erfahren, breites Lebensspektrum	77	72	95 %
4	zielorientiert, effektiv	76	69	92 %
5	einfühlend	64	76	91 %
6	strukturiert	50	76	81 %
7	offen, fließend	50	67	80 %
8	Freiraum gebend	46	93	93 %
9	Distanz wahrend	29	56	56 %
10	sachorientiert, neutral	28	75	68 %

Abbildung 10: Hitparade der Anforderungen an den Coach als Person

Von der Gegenseite betrachtet finden sich nur zwei Themen in der Negativliste, die erwähnenswert sind. »Volles Mitmischen beim Thema« finden 68 als unwichtig und 59 Prozent als wenig wichtig. Das »Rat geben« verschmähen 15 und 62 finden es wenig bedeutend. Bei allen anderen Themen fanden sich nur einzelne Nennungen, die insgesamt weniger als 5 Prozent der jeweiligen Nennungen ausmachten.

10.7 Zusammenfassung und Interpretation

Nach Überblick über alle Fragen, Antworten und Auswertungen ergeben sich insgesamt acht zentrale Erkenntnisse:

1. **Coaching ist in der Verbreitung stark gewachsen**
2. **Coaching wird zunehmend in Betrieben breiter genutzt**
3. **Das Einzel-Coaching dominiert** (wenngleich Team- und Projektcoaching starken Anteil haben)
4. **Coaching ist heute schon in allen Altersgruppen vertreten** (und nicht nur im Management bzw. bei den über 40-Jährigen)
5. **Der schillernde Begriff Coaching schafft eine große Bandbreite des derzeitigen Einsatzes** (vom »Vorgesetzten-Coach« über »Rat geben gewünscht« bis zu »Verschwiegenheit«, »Menschlichkeit« oder »freiwillig und »breites Spektrum an Lebenserfahrungen« ist so alles vertreten)
6. **Nur wenige empfinden Coaching als negativ bzw. uninteressant.**
7. **Der weibliche Coach ist im Kommen** (bis zu 50 Prozent-Anteil in der Schweiz)
8. **Coaching umfasst im Schnitt 4-5 Gespräche** (obwohl eine große Bandbreite von echten Kurzcoachings mit einer Stunde bis zur langen Begleitung von mehr als 8 Gesprächseinheiten)

Da Coaching »en vogue« ist und für viele Personen (Anbieter wie Nutzer) ein neues interessantes und scheinbar leichtes Tun darstellt, gibt es gegenwärtig fast alle Schattierungen. Man kann sicherlich in dem einen oder anderen Fall von »altem Wein in neuen Schläuchen« sprechen, wenn der alte Beratungsbegriff neu als Unternehmer-Coaching verkauft wird oder plötzlich Fachtrainer und Führungskräfte das An- und Einlernen ihrer Mitarbeiter oder die qualitative Verbesserung der Arbeit als Coaching bezeichnen. Ich glaube, dass es dem Coachingeinsatz und der betrieblichen Anwendung besser tun würde, bei einer sich entwickelnden und differenzierter werdenden psychosozialen Begriffslandschaft jenen Begriff zu nutzen, der exakt die Tätigkeit beschreibt.

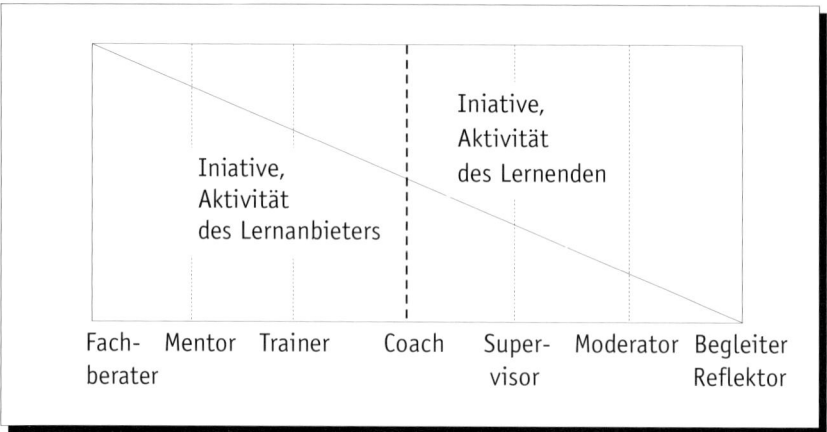

Abbildung 11: Kontinuum einiger psychosozialer Rollen

10.8 Die zentralen Qualitäten des Coachs und des Coachings aus heutiger Sicht

Zusammenfassend können wir die Hauptergebnisse der Befragung grafisch wie folgt darstellen:

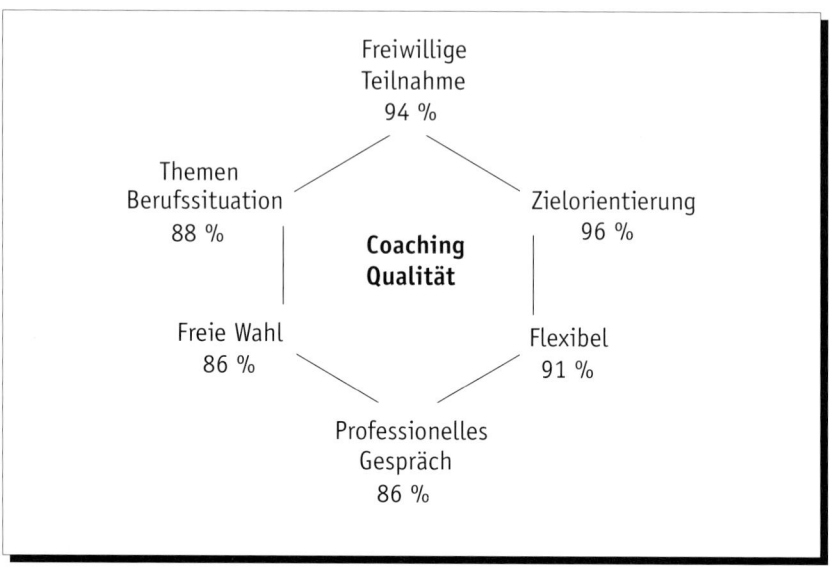

Abbildung 12: Coaching-Qualität

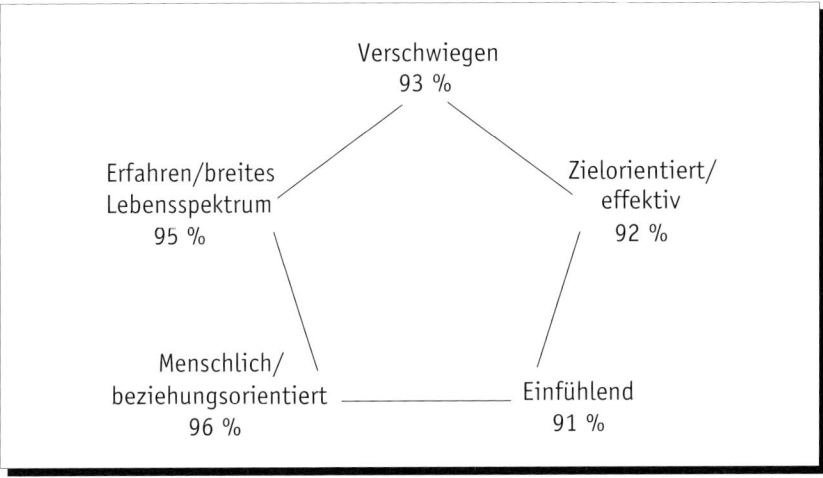

Abbildung 13: Coach-Profession

Abschließend angemerkt war die Erhebung sowohl für uns Coaches und Fachleute, als auch für Kunden und potenzielle Kunden, aber auch für interne Entscheider wie Personal-, Organisationsentwickler und Manager eine Fundgrube von nicht nur interessanten, sondern auch überraschenden Daten. Vielleicht können die Ergebnisse dazu beitragen, den Coaches für ihre professionelle Vorbereitung, Coaching-Arbeit und ihre persönliche Entwicklung und Reife Hinweise zu geben. Andererseits kann auch für den Prozess des Coaching-Vorgehens und für die Art der Arbeit Wichtiges aus den Befragungsergebnissen herausgelesen werden. Coaching ist heute zu einem nicht mehr verzichtbaren Bestandteil der Personalentwicklung, der Management- und Manager-Unterstützung und zur Begleitung von organisationalen Entwicklungs- und Veränderungs-Prozessen geworden.

Anhang

Autoren, Literatur

Schmidt, Gregor: Business Coaching, Mehr Erfolg als Mensch und Macher, Frankfurter Allgemeine Zeitung für Deutschland, Wiesbaden 1995

Schreyögg, Astrid: Coaching, 4. Auflage, Frankfurt a. M. 1999

Servatius, H. G.: Reingineeringprogramme umsetzen, Stuttgart 1994

Stewart, Ian/Joines, Vann: Die Transaktionsanalyse, Freiburg/Breisgau 2000

Vogelauer, Werner: Coaching – Begleitung von Führungskräften zur Selbstentwicklung, in: Kraus/Kailer/Sandner: Management Developement im Wandel, Wien 1990

Vogelauer, Werner: Methoden-ABC im Coaching, 2. Auflage, Neuwied 2001

Walter, H.-J./Wertheimer, Max: Zur Gestaltpsychologie menschlicher Werte, Opladen 1991

Whitmore, John: Coaching für die Praxis, München 1997

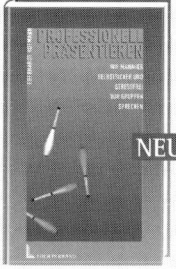